# 反资本世界简史

〔英〕**大卫·哈维** · 著
（David Harvey）

陈诺 · 译

# THE
# ANTI-CAPITALIST
# CHRONICLES

**SPM** 广东人民出版社
南方传媒
· 广 州 ·

图书在版编目（CIP）数据

反资本世界简史 /（英）大卫·哈维（David Harvey）著；陈诺译. —广州：广东人民出版社，2023.2
书名原文：THE ANTI-CAPITALIST CHRONICLES
ISBN 978-7-218-16121-1

Ⅰ.①反… Ⅱ.①大… ②陈… Ⅲ.①资本主义—研究
Ⅳ.①D091.5

中国版本图书馆CIP数据核字（2022）第186107号

*The Anti-Capitalist Chronicles*. Copyright © David Harvey, 2020. First published by Pluto Press, London.www.plutobooks.com

著作权合同登记号　图字：19-2022-181号

FAN ZIBEN SHIJIE JIANSHI
# 反资本世界简史
［英］大卫·哈维 著 陈诺 译

出 版 人：肖风华

策　　划：李　敏
责任编辑：肖风华　李　敏　罗　丹
封面设计：WONDERLAND Book design
　　　　　仙德
责任技编：吴彦斌　周星奎

出版发行：广东人民出版社
地　　址：广州市越秀区大沙头四马路10号（邮政编码：510199）
电　　话：（020）85716809（总编室）
传　　真：（020）83289585
网　　址：http://www.gdpph.com
印　　刷：咸宁市新源印务有限公司
开　　本：890毫米×1240毫米　1/32
印　　张：9.75　字　　数：183千
版　　次：2023年2月第1版
印　　次：2023年2月第1次印刷
定　　价：78.00元

如发现印装质量问题，影响阅读，请与出版社（020-83716848）联系调换。
售书热线：（020）85716826

# 目 录

*contents*

●　●　◉　●　●

# 编者序

在《反资本世界简史》面世以后，我与克里斯蒂娜·希瑟顿（Christina Heatherton）和马努·卡鲁卡（Manu Karuka）一起，十分荣幸地编辑并推出了包括此书在内的红字书系①。红字书系专注于收录学者们从国际主义的角度，对北美的穷人、工人阶级和被剥夺者们的斗争进行研究的作品。受安东尼奥·葛兰西（Antonio Gramsci）的启发，我们出版了新兴激进的知识分子、作家、学者以及在政治和社会运动中一直充当劝导者的人们的作品。在大众对社会主义的兴趣日益浓厚的情况下，我们的书籍旨在为工人阶级、社会主义运动中的大众教育、课堂讲学提供资源。我们的目标是将反帝国主义和阶级斗争置于政治和知识议程

---

① 译注：红字书系（The Red Letter Series），是冥王星出版社推出的基于"人民论坛"的书系，内容聚焦于资本主义历史、帝国主义、社会运动和社会理论。

的核心。

很多人都认为《反资本世界简史》是为了介入围绕新自由主义资本主义（neoliberal capitalism）危机和社会主义左翼复兴的辩论。这本书是从"人民论坛"上的一些讨论中发展出来的。"人民论坛"是纽约市的社会运动孵化器，同时也为市民们提供了教育和文化空间。在这个项目中，我们有幸与发生在美国和南方国家的政治和社会运动互动，其中包括了巴西的无地工人运动（MST），南非的棚屋居民运动①和南非全国金属工人联盟（NUMSA），同时也包括了北美的"穷人运动"、"为15美元而战"、反战等许多其他的运动。在这些斗争中，我们看到了根本性社会变革的新希望。我们非常荣幸能与美国乃至世界上最重要的马克思主义学者大卫·哈维（David Harvey）合作。

很少有人能像世界著名的马克思主义理论家大卫·哈维那样有清晰的洞察力和远见。自他的畅销书《新自由主义简史》（*A Brief History of Neoliberalism*，2005）②出版以来，哈维一直关注着新自由主义资本主义的演变，他也反对新自由主义的激进浪潮。

---

① 译注：棚屋居民运动（Abahlali base Mjondolo），该运动旨在组织占领土地、组织集体性行动、反对驱逐和仇外心理，以争取公共住房。该运动起源于德班市肯尼迪路对棚屋定居点组织的道路封锁。

② 译注：中译本有，［美］大卫·哈维：《新自由主义简史》，王钦译，上海译文出版社2010年版。

现在，在经济危机、阶级斗争和新法西斯主义反动的浪潮中，哈维定义了社会主义替代资本主义的可能性，并阐明了通过有组织的运动向社会主义过渡的可能性和必要性。《反资本世界简史》代表了哈维对危机和未来可能性的思考，是对自《新自由主义简史》首次出版以来的几年间全球局势变化的观点更新和更清醒的评估。

虽然有些作品宣称新自由主义已死，但《反资本世界简史》认为新自由主义仍然非常活跃。然而，重要的是，它失去了合法性。①新自由主义无法获得曾拥有的支持，为了生存不得不与新法西斯主义结盟。因此，民族主义和暴力反动势力的兴起，对于资本主义的生存来说不是附带的或偶然的。正如哈维所说，资本主义从诞生的那一刻起就沾满了鲜血，这种暴力自那时起就一直存在。在《新自由主义简史》中，哈维认为1973年由美国中央情报局（CIA）支持的智利政变是新自由主义转向的关键时刻。当时，美国总统理查德·尼克松（Richard Nixon）命令美国中央情

---

① Jipson John and Jitheesh P.M., "'The Neoliberal Project is Alive but Has Lost its Legitimacy': An Interview with David Harvey", *The Wire*, February 16, 2019, https://thewire.in/economy/david-harvey-marxist-scholar-neo-liberalism （accessed May 12, 2020）.

报局在智利"让经济呐喊"[①]，以阻止民主选举出来的社会主义者萨尔瓦多·阿连德（Salvador Allende）"上台"。民主力量受到军事力量的猛烈镇压。当下，美国支持拉美政变、支持极右翼势力，同时，另一个半球的左翼政治运动则遭受镇压，哈维的见解对于理解新自由主义国家的演变，以及发生在我们面前的斗争至关重要。[②]

我们需要结合当时的美国和世界范围内的阶级斗争来理解新自由主义国家的崛起。在20世纪60年代和70年代，民族解放和社会主义斗争在非洲、亚洲和拉丁美洲蔓延。这些斗争与在北美和欧洲城市中发生叛乱的地理范围不断扩大有关。正如我所说，越南等地的反帝国主义斗争与1965年瓦茨和1967年底特律等地的暴动有具体的联系。总而言之，这些斗争导致了资本和国家的霸权危机。国家和资本主义力量对这场政治危机的反应导致了新的历史和地理局势。要理解新自由主义的崛起，不能脱离这种全球范

---

① Nixon quoted in Peter Kornbluh, "Chile and the United States: Declassified Documents Relating to the Military Coup, September 11, 1973", Nathional Security Archive Electronic Briefing Book no.8, https://nsarchive2.gwu.edu/NSAEBB/NSAEBB8/nsaebb81.htm（accessed May 12, 2020）.

② David Harvey, *A Brief History of Neoliberalism*（Oxford：Oxford University Press, 2005）, pp.7-9.

围内都在发生暴乱的背景。[1]

正如《新自由主义简史》所描述的那样，在这一时期，统治阶级的利益与群众的利益是脱节的。战争和军国主义（比如增加大规模监禁和维持治安方面的支出）加剧了新自由主义在合法性问题上所面临的危机。为了解决这场危机，资本主义国家把威权政治和自由市场作为解决方案。我们可以说这些措施标志着新自由主义的转向。我们应该记住，这场全球新自由主义反革命的浪潮是政治和阶级斗争的产物；这些斗争本可以有不同的结果，而且现在仍然可以有不同的结果。[2]

新自由主义国家的发展在历史上一直伴随着特定常识的产生。哈维采纳了意大利马克思主义理论家安东尼奥·葛兰西的做

---

[1] David Harvey, *The Limits to Capital*（New York: Verso, 2006），pp.x–xi；Vijay Prashad, *The Poorer Nations: A Possible History of the Global South*（New York: Verso, 2012），p.5；Jordan T.Camp, *Incarcerating the Crisis: Freedom Struggles and the Rise of the Neoliberal State*（Oakland: University of California Press, 2016）；Neil Smith: *Uneven Development: Nature, Capital, and the Production of Space*（Athens: University of Georgia Press, 2010），p.240.

[2] Giovanni Arrighi, *Adam Smith in Beijing: Lineages of the 21st Century*（New York: Verso, 2007），pp.154–5；Ruth Wilson Gilmore, *Golden Gulag: Prison, Surplus, and Opposition in Globalizing California*（Berkeley: University of California Press, 2007）；Jordan T.Camp, "The Bombs Explode at Home: Policing, Prisons, and Permanent War", *Social Justice* 44, no.2–3（2017）: 21；Gillian Hart, "D/developments after the Meltdown", *Antipode* 41, no.S1（2009），pp.117–41；Camp, *Incarcerating the Crisis*.

法，用常识的概念来描述"普遍持有的假设和信念"，这些假设和信念确保了民众对高压政治的认同。①这些常识通过对种族、性别、性、宗教、家庭、自由、腐败、法律和秩序的文化主义和民族主义叙事，掩盖了政治和经济问题的根本原因。政府运用这些叙事，以确保达成哈维所描述的"阶级力量的重建"。哈维认为，当政治问题被掩盖为文化叙事时，就变得难以回答。例如，2005年新奥尔良的卡特里娜飓风是一场典型的自然环境灾难，需要国家组织疏散计划、部署紧急公共卫生措施，并分发食物和药品。这场灾难被重塑为一场有关法律和秩序的种族主义危机，由国家通过警察、军事干预和枪杆子来解决。这使得联邦资金被转用于镇压和企业投资，而不是用于生存，这显然是一个阶级重建的计划。②

新自由主义的常识已经在媒体、大学和智库中流传了几十年。为了反对它，非洲、亚洲、美洲和欧洲的反资本主义运动借鉴了哈维的理论工作，以对抗这种常识的传播。这些大规模的左翼运动，以及从智利到黎巴嫩再到海地对紧缩政策的周期性抗

① Antonio Gramsci, *Selections from the Prison Notebooks* ( New York: International Publisher, 2003〔1971〕), p.323, p.328.

② Harvey, *A Brief History of Neoliberalism*, p.39；Clyde Woods, *Development Drowned an Reborn: The Blues and Bourborn Restorations in Post-Katrina New Orleans*, ed.Jordan T.Camp and Laura Pulido ( Athens：University of Georgia Press, 2017 ).

议，都揭示了新自由主义不再能确保获得大众的支持。目前的状况就像是葛兰西所说的"权威危机"或"统治阶级失去共识"的时刻，即国家"不再是'领导'，而只是'统治'，是在单独行使强制力量"，因此"这意味着广大群众已经脱离了传统的意识形态，不再相信他们过去所相信的东西"。这样的时刻充满不确定性，但它为活动家和反对派力量提供了一个独特的组织机会。①

虽然新自由主义国家的合法性已被削弱，但《反资本世界简史》认为，其政治事业还活着，而且欣欣向荣。哈维在《新自由主义简史》的基础之上，又更新了对当下局势的看法。他提出如果不与新法西斯主义结盟，新自由主义在现在的情况下就无法生存。为了支持这一论点，他探讨了巴西总统雅伊尔·博索纳罗（Jair Bolsonaro）的政府是如何倡导和强加新自由主义模式的。哈维把巴西的例子与1973年智利的奥古斯托·皮诺切特（Augusto Pinochet）政权进行比较，探讨两者的相似之处（皮诺切特是在美国中央情报局支持的政变后上台的）。哈维认为，博索纳罗利

---

① Gramsci, *Selections from the Prison Notebooks*, pp.275–276；Jordan T.Camp and Jennifer Greenburg, "Counterinsurgency Reexamined: Racism, Capitalism, and U.S.Military Doctrine", *Antipode* 52 no.2（2002），pp.430–451.

用常识性的叙事来恢复国家和地区的阶级力量。①

博索纳罗的崛起是资本主义和新自由主义国家危机的政治表现；在这场危机中，这个系统无法以它一贯的方式继续下去。正如经济学家和巴西无地工人运动（MST）的共同创始人罗昂·佩德罗·斯特迪勒（João Pedro Stedile）所说的那样，这场危机的特点是"质疑现在由金融资本和大型国际公司霸占的资本主义生产模式的本质"，而这本质控制了全球生产。斯特迪勒认为，当前的危机痛苦地暴露了资本主义无法解决其内在的矛盾。换言之，资本不能在实现财富不受约束的积累的同时，满足大多数贫困人口的需求；它没有制订让人民或国家发展的计划。博索纳罗政府代表了芝加哥学派的金融家、福音派基督教原教旨主义者和最保守的军队部门之间的不稳定的联盟。重要的是，目前的巴西政府得到了特朗普政府的支持，后者正在拉丁美洲积极推行公开的侵

---

① Vincent Bevins, "The Dirty Problems with Operation Carwash", *The Atlanitic*, August 21, 2019, www.theatlantic.com/international/archive/zo r 9/08/anti-corruption-crusades-paved-way-bolsonaro/596449/（accessed May 12, 2020）; The Intercept, Secret Brazil Archive: https://theintercept.com/series/secret-brazil-archive/（accessed May 12, 2020）; Jordan T.Camp, "The Rise of th Right in Latin America: An Interview with Stephanic Weatherbee Brito", The New Intellectual, Mach 12, 2020, https://tpflink/tni（accessed June 15, 2020）.

略性帝国战略。[①]

2010年，哈维在巴西的阿雷格里港举行的世界社会论坛上发表了题为"组织起来走向反资本主义"的演讲。他认为，2008年全球金融危机后形成的霸权主义危机，为真正意义上的全球反资本主义运动创造机会。他提出，我们需要形成能够夺取国家权力的政治组织，不阐明"未来资本主义的无限危机将产生越来越致命的结果"的解决方案，就无法完全回答列宁"怎么办"的问题。他总结道："列宁的问题需要一个答案。"[②]

为了在当下回答这个问题，哈维主张开展反资本主义运动，其战略目标是控制"生产和剩余的分配"。随着斗争的激进化，我们需要理解，问题的根源是系统性和结构性的，"而不是特殊的和局部的"。通过这样的思考，这些反资本主义运动的起源变得显而易见。哈维认为，正是在这样的形势下，"安东尼奥·葛

---

① João Pedro Stedile, "Contemporary Challenges for the Working Class and Peasantry in Brazil", *Monthly Review*, July 1, 2019, https://monthlyreview.org/2019/07/01/contemporary-challenges-for-the-working-class-and-peasantry-in-brazil/（accessed May 12, 2020）.

② David Harvey, "Organizing for the Anti-Capitalist Transition", talk at the 2010 World Social Forum, Porto Alegre, Brazil, http://davidharvey.org/2009/12/organizingfor-the-anti-capitalist-transition/（accessed May 12, 2020）.

兰西的作品中提到的'有机知识分子'①有了很大的发言权。他们自学成才，通过痛苦的经历来获取世界的第一手资料，但这塑造了他（或她）对资本主义更普遍的理解"。在这方面，哈维认为当务之急是学会倾听巴西、印度乃至整个拉美国家的政治和社会运动中"有机知识分子"的声音。"在这种情况下，"哈维写道，"我们的任务……是放大下层的声音，这样我们就可以关注剥削和压迫的情况，并用反资本主义计划作为有力的回答。"②

《反资本世界简史》是这个庞大的反资本主义计划中的一部分。这本书是在新自由主义衰落这样有代表性的时刻写成的。在写这篇文章的时候，全球流行性疾病正在美国和全世界肆虐。当美国人民迫切需要医疗服务、紧急防护用品和联邦资金来支付房租、购买食物和维持生命时，特朗普政府却通过种族主义和民族主义叙事来重新定义这场危机。他的政府并没有尝试拯救生命，而是让人们为了国家的利益回去工作。联邦资金并没有被用于紧急医疗干预，而是流向了银行和公司。通过《反资本世界简史》，哈维帮助积极分子们从这些转移人们注意力的文化结构

---

① 译注：有机知识分子，是一个由葛兰西提出的、和"传统知识分子"相对应的概念。与传统知识分子脱离社会现实、远离人民群众相比，有机知识分子与阶级和群众的关系更为密切，并且能够为他们所处的阶级发声。

② David Harvey, "Organizing for the Anti-Capitalist Transition", talk at the 2010 World Social Forum, Porto Alegre, Brazil, http://davidharvey.org/2009/12/organizingfor-the-anti-capitalist-transition/（accessed May 12, 2020）.

中"获取政治意义"①。通过强调当前危机的前因后果，哈维表明，"不存在真正的自然灾害"。事实上正如他所认为的那样，过去40年的新自由主义政策使公众"完全暴露在这种公共卫生危机之中，没有准备好如何面对"。人类的生存与否将取决于我们能否克服这些困难。②

现在是最能够直观感受到新自由主义解决危机方案不合理性的时刻。极右翼的思想家们主张让穷人、病人和老人为了所谓的"国家"利益去工作，不惜牺牲他们的生命。显然，资本无法在追求自由市场下的危机解决方案的同时，还能够满足大多数贫困人口的需求。穷人、工人阶级和被剥夺者基本上已经成为可有可无的人，即使他们的劳动被认为是不可或缺的。"失业水平几乎肯定会上升到与20世纪30年代相当的水平，"哈维警告说，"如果没有国家的干预，那未来的发展就必须违背新自由主义的原则。"这种情况无疑代表了一种危机。但正如哈维所表明的那样，它也提供了一个前所未有的突破性机会。我们将需要通过大众教育和政治动员来阐明社会主义替代方案的可能性，这是我们这个时代反资本主义的当务之急。我们希望这本书能帮助到所有

---

① David Harvey, *A Brief History of Neoliberalism*（Oxford: Oxford University Press, 2005）, p.39.

② Harvey, "Anti–Capitalist Politics in a Time of COVID–19", chapter 18, this volume.

参与这场斗争的人。[①]

乔丹·T.坎普

---

① Harvey, "Anti-Capitalist Politics in a Time of COVID-19", chapter 18, this volume; *New Frame* Editiorial, "Coronavirus and the Crisis of Capitalism", *New Frame*, March 13, 2020, www.newframe.com/coronavirus-and-the-crisis-of-capitalism/ ( accessed May 12, 2020 ) .

# 编者按

在这本《反资本世界简史》中，著名的马克思主义地理学家和资本主义理论家大卫·哈维讨论了当前局势。本书对当前的事件和当代的辩论进行了及时的观察和精辟的分析。该书还提供了一个马克思主义理论框架，用于分析反资本主义斗争中未被重视的特点，以及它们的国际关联。

很少有人比大卫·哈维更有资格讨论当前的资本主义危机和政治中的不确定性。大卫·哈维是城市研究领域的著名理论家，被《图书馆杂志》称为"20世纪后期最具影响力的地理学家之一"。他是纽约市立大学研究生中心人类学、地球与环境科学的杰出教授，撰写了20多部著作。哈维不仅在校园和研究所进行国际演讲，而且还在流浪汉营地、被占领的大楼、大众教育学校、监狱、社会运动人士集会场所等地进行演讲。他是一个公共知识分子，与全球几十个社会运动的参与者们进行对话。大卫·哈维在剑桥大学获得博士学位，曾是约翰·霍普金斯大学的地理学教授，伦敦政治经济学院的米利班德研究员，以及牛津大学哈福德·麦金德（Halford Mackinder）地理学教授。

在人文和社会科学领域，哈维是被引用次数最多的作者之一。但是自他的《新帝国主义》（*The New Imperialism*, 2003）[①]出版以来，他越来越专注于为大众读者写作，其著作包括《新自由主义简史》（2005）、《资本之谜》（*The Enigma of Capital*, 2010）[②]、《资本社会的17个矛盾》（*Seventeen Contradictions and the End of Capitalism*, 2014）[③]以及《马克思与〈资本论〉》（*Marx, Capital, and the Madness of Economic Reason*, 2017）[④]。

除了这些出版物之外，哈维在过去的十多年中也一直是网络上的创新者。哈维在推特（@profdavidharvey）上有超过12万名粉丝，在个人网站（davidharvey.org）和社交媒体上也非常活跃。皮

---

[①] 译注：中译本有，［英］大卫·哈维：《新帝国主义》，初立忠、沈晓雷译，社会科学文献出版社2009年版。

[②] 译注：中译本有，［美］大卫·哈维：《资本之谜》，陈静译，电子工业出版社2011年版。

[③] 译注：中译本有，［美］大卫·哈维：《资本社会的17个矛盾》，许瑞宋译，中信出版社2016年版。

[④] 译注：中译本有，［英］大卫·唯维：《马克思与〈资本论〉》，周大昕译，中信出版社2018年版。

尤研究中心的高级人口学家康拉德·哈克特（Conracl Hackett）发布了一份2017年在推特上最受关注的社会学家名单，大卫·哈维位居第四位。哈克特附了一份在推特上最受关注的经济学家名单的链接，按粉丝数计算，哈维排在第15位。这证明了哈维的广泛影响力，他是唯一一个同时出现在两个榜单上的人，尽管他既不是社会学家也不是经济学家。

这本书的灵感来自哈维的"反资本世界简史"，这是一个双月播客和在线视频系列节目，旨在从马克思主义的视角审视当代资本主义。该播客由"民主在工作"（一个制作媒体和现场活动的非营利性组织）制作。他们将资本主义作为一个系统性的问题进行分析，并倡导系统性的解决方案。这不是大卫·哈维第一本由线上节目作为灵感来源的书。2008年，大卫·哈维和编辑克里斯·卡鲁索（Chris Caruso）一起制作了免费的在线视频课程"与大卫·哈维一起阅读马克思《资本论》"①。哈维的在线课程和配套网站吸引了全球范围内的大量观众，在200多个国家被观看了超过450万次。这些听众以各种方式采取行动，比如在全球范围内自发组织了数百个《资本论》学习小组，还发起了群众外包活动，将哈维教授的第一卷讲座翻译成了45种语言。《资本论》课程的"病毒式"成功有利于重振人们对研究马克思的兴

① 译注：见http://davidharvey.org/reading-capital。

趣，在1989年柏林墙倒塌后这种兴趣一度衰退。"与大卫·哈维一起阅读马克思《资本论》"的在线课程预示了后来大型开放式网络课程（MOOC）的发展，代表了教育技术的创新，现在被广泛效仿。这些在线课程是《跟大卫·哈维读〈资本论〉》（*A Companion to Marx's Capital,* 2010）[1]和该书第二卷（2013）[2]的灵感来源。

哈维在《反资本世界简史》中提出的分析，对于政治和社会运动、关注遭受不公的普通人、了解当前阶级斗争的形势至关重要。本书具有口语化的写作风格。我们认为，它为理解哈维的大量作品基础提供了一个新的、易懂的切入点。它既适合那些第一次阅读大卫·哈维的人，也同样适合那些熟知他著作的人。在书的末尾，我们提供了关于相关主题的延伸阅读建议，以及每章的讨论问题。基于围绕 "与大卫·哈维一起阅读马克思《资本论》"课程自发形成的全球学习小组的情况，我们对本书进行了结构化设计，以便组织者、社会活动家和其他人以此作为普及教学工具，也可以用于更正式的课堂环境中。

在本书中，哈维探讨了一些当代问题，包括金融和货币权

---

① 译注：中译本有，［美］大卫·哈维：《跟大卫·哈维读〈资本论〉》（第一卷），刘英译，上海译文出版社2014年版。

② 译注：中译本有，［美］大卫·哈维：《跟大卫·哈维读〈资本论〉》（第二卷），谢富胜、李连波等译，上海译文出版社2016年版。

力在经济活动中的集中、大流行性疾病、通用汽车公司工厂的关闭、新自由主义者和新法西斯主义者在巴西和全球的新兴联盟、中国在全球经济中的重要性，以及二氧化碳排放和气候变化。他探讨了马克思主义和社会主义的关键概念，包括资本的起源和发展、异化，社会主义和"不自由"的概念，以及资本积累的地理和地缘政治学。哈维思考了特朗普政府对于解决新自由主义危机的尝试和失败，以及组织一个社会主义替代方案的必要性。

这是一个黑暗而危险的时代，非常需要深入分析和理解那些反对我们的力量，以及探讨有远见的替代方案，用以改造社会、满足所有人的需求。哈维的工作促进了马克思主义传统的复兴。一个多世纪以来，马克思主义一直是革命者的灯塔。这本书让这一传统重新燃烧，在我们面对这个时代紧迫的生死斗争时，照亮我们的道路。

乔丹·T.坎普

克里斯·卡鲁索

# 自 序

  2018年11月，在与"民主在工作"媒体倡议的讨论中，我产生了制作名为"反资本世界简史"的播客的想法。我在此感谢里克·沃尔夫（Rick Wolff）在这个想法的基础上付诸行动，并提供了必要的设备，将播客上传到网络。我也感谢玛丽亚·卡内莫拉·马尼亚（Maria Carnemolla Mania）帮助管理这个播客系列，同时感谢布莱恩·伊索姆（Bryan Isom）不知疲倦地致力于录制和将播客变成广播的形式。后来，乔丹·T.坎普（Jordan T.Camp）和克里斯·卡鲁索（Chris Caruso）提出，通过冥王星出版社（Pluto Press）出版相关的一本书，我对这个建议感到有些惊讶。我并不完全相信这是一个好主意，但考虑到目前具有挑战性的政治环境，即使是只作为教学目的，出版这本书也有其实用性。无论如何，我都很高兴支持在纽约新成立的"人民论坛"的倡议，并在论坛的帮助下，将我的一些教学材料以及我的图书转移到公共领域。我也很高兴能帮助推出红字书系。在准备播客时，我心中并没有完整的计划。我依赖于当前的事件和我自己的兴趣演变，以及那些亲密的同事和朋友的兴趣来进行思想交流。虽然最后的成果可能看起来有些混乱，但乔丹和克里斯帮助我进行了细致的编辑，我们还采纳了编辑组的建议，这些都有助于这个项目的成形。最后，我很感谢克里斯·卡鲁索多年来对我的帮助，令我得以将马克思主义的整体观带入反资本主义战略的主流。这个时代是危险的，但也是探索新可能性的好时机。

大卫·哈维

# 鸣　谢

　　我们感谢"人民论坛"对这个项目的支持，特别是克劳迪娅·德·拉·克鲁兹（Claudia de la Cruz）、马诺洛·德·洛斯·桑托斯（Manolo de los Santos）、拉扬·福莱汉（Layan Fuleihan）、大卫·钟（David chung）、贝伦·马尔科·克雷斯波（Belén Marco Crespo）、布莱恩特·迪亚兹（Bryant Diaz）、胡安·佩拉尔塔（Juan Peralta）、丽塔·亨德森（Rita Henderson）以及许多其他人。我们很荣幸能与组稿编辑大卫·舒尔曼（David Shulman）合作。我们要感谢他和他在冥王星出版社的同事大卫·卡斯尔（David Castle）、薇露西卡·泽巴赫（Veruschka Selbach）对红字书系的鼓励和支持。感谢罗伯特·韦布（Robert Webb）在作品创作过程中给予我们的指导。我们非常感谢阿亚·欧伊斯（Aya Ouais）为本书提供的研究和誊写，感谢伊莱恩·罗斯（Elaine Ross）对文字进行编辑，感谢梅拉尼·帕特里克（Melanie Patrick）的封面设计。我们向克里斯蒂娜·希瑟顿、马努·卡鲁卡、卡尼什卡·古尼瓦德纳（Kanishka Goonewardena），以及哥伦比亚大学社会差异研究中心的种族资本主义工作组致以最深的谢意，感谢他们为本次出版进行研讨并提供了无价的反馈。

乔丹·T.坎普在此感谢纽约市立大学研究生中心的"地方、文化和政治中心"提供了重要的、富有创造力的知识分子社区，让他作为访问学者完成了这本书。与露丝·威尔逊·吉尔摩（Ruth Wilson Gilmore）、大卫·哈维、彼得·希区柯克（Peter Hitchcock）、刘紫丰（音）、玛丽亚·路易莎·门东卡（Maria Luisa Mendonca）、卢·科诺姆（Lou Cornom）、玛丽·泰勒（Mary Taylor）等人的对话也给编辑工作提供了养料。

克里斯·卡鲁索要感谢大卫·哈维在这个图书项目上的慷慨解囊，感谢他对世界各地社会运动倡议的支持，以及与我们长达15年的关于线上政治教育的合作。同时还要感谢威利·巴普蒂斯特（Willie Baptist）、罗伊·辛厄姆（Roy Singham）、贝克将军（General Baker）、玛丽安·克莱默（Marian Kramer）、凯瑟琳·沙利文（Kathleen Sullivan）和罗纳德·卡萨诺瓦（Ronald Casanova）等同志和导师，他们坚持进行必要严格的政治教育，以在穷人和无产者中培养有机知识分子。克里斯·卡鲁索还要感谢妻子利兹以及孩子索菲亚和卢克，感谢他们带来的希望和启发。

第一章

# 全球动荡

 2019年秋季，世界各地爆发了大范围的政治斗争，从圣地亚哥到贝鲁特、巴格达、德黑兰、巴黎、基多以及印度、阿尔及利亚、苏丹等地，这些都表明世界上存在一些长期问题。部分问题可以追溯到民主治理的失败和对主流政治实践的普遍疏远。我们还经常听到人们抱怨，认为占主导地位的经济模式失败了。这种模式本来应该让我们有足够的收入，丰衣足食，手握手机，车库里停着汽车，同时提供包括医疗、教育、住房和交通在内的一系列公共服务，以保证合理的、令人满意的日常生活质量。

 近来在智利发生的事件有象征意义。因为这些事件不仅展示了上述问题的本质，也体现了解决这些问题的典型政治手段。我长期以来一直在关注智利，因为它是重回新自由主义的发起国家之一。1973年，皮诺切特将军在一次军事政变中驱逐了由民主方式选举出来的社会党总统萨尔瓦多·阿连德（Salvador Allende），并扶植了后来被称为"芝加哥男孩"的经济学家们，将新自由主义经济模式强加于智利。智利的现任总统皮涅拉（Piñera）也是一位保守派商人，他在2019年10月上旬接受英国《金融时报》采访时，将智利描述为一个稳健增长、经济强劲和经济指标优良的"绿洲"。他断言智利正处于极好的状态，是拉丁美洲其他地区的榜样。大约三周后，新闻快讯报道智利爆发了大规模的暴动。其导火索是地铁票价的上涨，高中学生走上街头抗议（就像他们在2006年所做的那样）。

皮涅拉坐在一家环境舒适的高档餐厅中，郑重地宣告要控制住这群制造麻烦的无法无天的"暴民"。这是对警察们心照不宣的"邀请"，让他们出去用暴力平息抗议。警方完成了他们的任务。于是更多的人加入了对警察的抗议活动。一些地铁站和三座教堂被烧毁，超市被袭击，国家宣布进入紧急状态。军队被召集了起来，而很快地，数百万愤怒的公民用和平的方式抗议着这一切，包括抗议军队的出现（自独裁时期以来，军队从未在街上出现过）。皮涅拉后知后觉地认识到他需要的是倾听民众的声音，然后再采取行动。他增加了养老金和社会保险，并提高了最低工资；撤销了国家紧急状态，并要求安全部队撤退。智利需要有一部新的宪法。现有的新自由主义宪法是在军事独裁时期制定的，它把养老金、医疗、教育等相关方面私有化了。修订宪法的需求最终得到了同意。人们提议，在2020年4月就修订宪法进行公民投票（最近此事因为新冠肺炎疫情而推迟）。这片土地重新回归了和平，却又让人惴惴不安。

发生在智利的事件并不是孤立的。早些时候，在厄瓜多尔也发生了类似的事情。国际货币基金组织（IMF）在厄瓜多尔进行了结构性调整，随之而来的是新的税收政策出台和取消燃料补贴政策。这些调整激起了大规模的抗议。厄瓜多尔的原住民开始了行动，并在首都基多举行了大规模的游行［这与20世纪90年代的抗议活动相呼应，当时的抗议活动使社会主义者拉斐尔·科雷亚

（Rafael Correa）得以上台］。此次抗议活动的规模过大，导致政府迁往了瓜亚基尔，将基多留在抗议者的手中。最终，莫雷诺（Moreno）总统（巧的是他的名字是列宁）取消了国际货币基金组织的计划，并返回基多进行协商。

2019年秋天，智利和厄瓜多尔陷入了动荡。玻利维亚也陷入了困境，但出现问题的原因截然不同。玻利维亚的强大右翼势力指控总统埃沃·莫拉莱斯（Evo Morales）操纵了选举，使得结果有利于他。有组织的街头示威也支持了这项指控。在军方的"坚持"下，总统莫拉莱斯和他的政府官员们逃离了玻利维亚，到别处寻求庇护。接着爆发了大规模的运动，利益不一致的团体之间相互起了冲突。玻利维亚在等待（2020年）6月的新选举（该选举现已推迟）中风雨飘摇，而莫拉莱斯被禁止参加选举［就像巴西总统博索纳罗当选前，前总统卢拉（Lula）面临的情况一样］。

在世界的另一端，黎巴嫩也处于动荡之中。沮丧的年轻人多次走上街头，开展抗议政府的大规模运动。同样的事情也发生在伊拉克的巴格达，有两三百人在这次的大规模示威中被杀，这些人主要来自巴格达多年来在政治上被忽视的贫困地区。在德黑兰也发生了类似的事情。在法国，"黄背心"的抗议活动已经持续了一年多（尽管强度在下降），最近还夹杂着反对养老金改革的抗议活动，这些抗议活动使巴黎和其他的主要城市关闭了数天。

公民抗议活动在全球各地爆发。如果从地球上空的宇宙飞船上俯瞰，我们可以看到所有抗议的地方都闪着红光，然后我们几乎可以肯定地说，世界正处于全面的动荡之中。同时，世界上还掀起了一股劳工抗议的浪潮。例如在美国，教师（许多是非正式的）罢工近年来在最不可思议的地方激增，于2019年9月在芝加哥达到了高潮。在孟加拉国和印度也发生了一些重大的罢工事件。

那么这一切的抗议都是关于什么的，它们有什么共同点吗？在每个例子中，都有一系列需要特别关注的问题。这些事件的共同点似乎是，大众意识到了执政者在经济上没有兑现承诺，政治进程被扭曲，变得有利于超级富豪们。这种政治经济模式可能对财富列前1%、前10%的人口有效，但对群众不起作用。群众开始意识到这一事实，走上街头抗议这种政治经济模式没有满足他们的基本需求。

在智利，1%的人控制着大约三分之一的国家财富。同样的问题几乎随处可见。愈演愈烈的不平等似乎是问题的根源，因此不仅是普通百姓，中产阶级也在遭受巨大的痛苦。

到底是什么原因导致经济失效？事实上，在德黑兰、厄瓜多尔和智利的案例中，抗议活动的诱因都是类似的：燃料价格和出行成本的增加。对于大多数人来说，在城市中的出行是至关重要的，而出行的成本也十分关键。如果这些成本变得令人望而却步，那么低收入人群尤其会受到很大的冲击，由此导致了他们对交通和燃料成本增加的敏感性。

有趣的是，触发这些抗议的导火索是如何变得有普遍性和系统性。这些抗议最初可能是基于交通和食品价格，在某些情况下也可能是由于缺乏城市服务和足够的可负担住房。这些通常构成了最初的经济基础。但抗议活动很少停留在这一点上。它们很快就会扩散，并变得有普遍性。我们可以从两种角度来思考这个问题。第一种是将问题归结为特定的资本积累形式，如新自由主义。问题不在于资本主义本身，而在于其新自由主义的形式。企业中的一些人甚至可能会同意这个观点，并考虑进行改革。近来，一些商业团体已经认识到他们过于关注效率和利润率，而现在，重要的是解决企业行为对社会和环境造成的影响。这说明我们已经受够了新自由主义带来的影响，我们应该去寻找一个基础更为广泛的资本积累模板。由此，我们需要一种更具社会责任感和更公平的"良心资本主义"形式。抗议活动的一个普遍主题是反对日益严重的社会不平等，大家也公认这需要得到解决。新自由主义形式的资本是有问题的。

在智利，这一诉求非常明确。在总统和国会共同决定就设计新宪法的问题进行全民投票，并以新宪法取代新自由主义的宪法以后，抗议和暴力就消退了。

虽然新自由主义形式的资本主义存在一些尖锐的问题亟待纠

正，但我不认为新自由主义是问题的关键。在世界上有些地方，新自由主义的资本主义并不占主导地位，那些经济模式也并不适用于本地的民众。简而言之，问题在于资本主义本身，而不是其特定的新自由主义模式。我们现在已经意识到，这很可能是（爆发抗议活动的）根本原因。①

目前的抗议浪潮几乎没有表现出什么新意。在过去的30年里，我们目睹了多种抗议运动，其中许多聚焦于日常生活质量的恶化上，特别是在城市地区，但不仅限于此。虽然也有劳工抗议，但显而易见的是，大多数真正的群众运动都是以城市为基础的，与传统上作为反资本主义斗争和反资本主义理论基础的无产阶级和工人阶级斗争相比，它们是按照不同的逻辑发展的，并由不同的阶级和社会组织来推动。

例如，在2013年，土耳其举行了一场反对将伊斯坦布尔中心的盖茨公园改为购物中心的抗议运动。随之发生一系列与之相关的事件：警察在总统埃尔多安（Erdogan）的授意下，暴力袭击了抗议者；有更多的人出来抗议警察的暴力；不知不觉中，大规模的抗议活动从伊斯坦布尔扩展到了其他主要城市。随后，在全国范围内出现了长期的大规模社会运动，民众抗议政府缺乏公共

①　译注：上页提到可以从两种角度思考近来的抗议浪潮，一种是把问题归于新自由主义模式，本段指出第二种角度，即资本主义本身。

协商或民主治理的能力，其影响一直持续至今。

几周后，巴西也发生了同样的事情。巴士票价上涨引发了圣保罗学生的街头抗议。在所属州州长（而不是圣保罗市长）的命令下，警察发动了暴力镇压，这立即导致了广泛的民众对学生的保护（其中一些是由黑群①无政府主义者组织的）。很快，抗议活动像野火一样蔓延到巴西一百多个城市。在里约热内卢，大规模的抗议活动持续了几天几夜。抗议的内容也远远超出了交通问题的范畴。为世界杯和奥运会建设的新体育场馆和基础设施所花费的巨额资金，以及所涉及的腐败行为引发了公众的愤怒，大量抗议者走上了街头。巴西人并不是不喜欢足球，他们不喜欢的是在这些设施上花这么多钱，而与此同时却没有资金投入到医院、学校等提高日常生活质量的事务上。

直至今日，这类群众动员（mass mobilizations）已经有很长的历史了，但通常不会持续那么长时间。大部分的动员都是在没有先兆的情况下发生的，随后平息下来，人们逐渐忘记了它们，然后它们再次爆发了。在过去的30年中，群众动员的次数不断增加。也许它起源于在西雅图举行世界贸易组织（WTO）会议期间的反全球化运动。令当局出乎意料的是，各种各样的人突然纷纷

①　译注：黑群（Black Block），是一种抗议游行的战术方式。游行者身穿黑色服装，使用黑色配饰，如墨镜、帽子、围巾等保护面部的工具来达到隐藏身份的效果，这样的着装也可以有效防范警方的辣椒水造成的伤害。

涌入西雅图，举行抗议示威，导致会议的代表们无法进入会场。在那之后的一整段时间里，每一次G20峰会、G8峰会、国际货币基金组织或世界银行会议都遭到了大量抗议者的示威。然后是2011年占领华尔街运动，以及世界各地的各种模仿占领华尔街的运动。我们一次又一次地看到不同类型的群众运动，在大多数情况下，它们都引发了传播效应：世界某一地区的抗议活动激发了世界上另一个完全不同地区的抗议活动。

但这些抗议活动都没有长久地持续下去，即使它们会定期地回归，也往往是非常零散的。参与这些大规模群众运动的不同团体也很少在一起进行协调，即使他们都属于同一条街道。但这种情况现在正在改变。例如黎巴嫩有漫长而痛苦的冲突和内战的历史，这些冲突主要是由宗教派别和宗教团体发动的。但在2019年，所有宗教派别（尤其是那些在经济方面前途黯淡的年轻人们）多年来第一次走到一起，开始抗议国家所存在的贪污、专制、寡头统治问题。他们还抗议了缺乏赚钱的机会。换句话说，无论宗教派别如何，所有人都同意当下的政治经济模式是行不通的，需要从根本上进行改变，而不同的宗教派别之间需要对这种改变进行协商。对立的宗教派别有史以来第一次聚集在一起进行对话，抗议目前的政治经济模式，并要求建立一些替代方案（尽管他们对于那些替代方案的具体内容仍然不清楚）。

在博索纳罗当选后，我在巴西亲身经历了这类事情。博索纳罗领导的是一个保守的政府，尽管他们致力于新自由主义。巴西有几个反对党是左翼政党，其中工人党是大党，曾经掌握着权力。几个零散的左翼政党中有一些政治代表，每个政党都有自己的智囊团（由国家出钱资助）。如果你的党派在议会中有席位，你就会得到一些经费来建立智囊团进行政策研究。在过去，巴西的六个左翼政党彼此之间没有进行过很好的沟通。事实上，他们经常激烈地反对对方的观点。但当我在2019年春天访问巴西时，这六个政党聚在一起，对政治局势进行了为期一周的反思。在这一周结束时，这六个政党的领导人聚集在一起，举行了一次联合的群众集会。所有人都在一起交谈，在台上互相拥抱。突然间，人们有希望看到左翼以前所未有的方式合作。据我所知，智利的情况也是如此。不同的左翼派别聚在一起，开始共同讨论制定新宪法的未来。

因此，也许世界各地政治中的右翼倾向正激发着左翼的合作精神。也许这次事情会变得不一样。也许近来发生的运动可以被制度化和组织化，从而获得持久的力量。"运动"和"组织"有着很大的区别。在过去的30年里，我们目睹了一种几乎能够瞬间发起社会运动的惊人能力，当然这也部分归功于社交媒体。在美国我们也看到了大规模的妇女游行、移民权利抗议、"黑人的命也是命"、"米兔"等社会运动。这些运动的场面非常壮观，但似乎缺乏长期的组织。这也许是一个开始，所有认为基本经济模式有问题的人走到了一起；这种基本经济模式需要彻底的改变，来为广大民众提供健康、福利、良好的教育和养老金，以及所有必需品，而不是为前1%或前10%的人提供快速的经济增长和强劲的经济红利。

我一直在努力思考这可能意味着什么：在现有的资本运作方式中，是否有一个真正需要解决的核心矛盾。如果真的是这样的，那这个核心矛盾会是什么？一个显而易见的严重问题是社会不平等。在过去的30年里，世界上很多国家的社会不平等加剧了。很多人觉得这种不平等已经过于严重，必须通过运动来尝试重新获得社会平等，国家也必须向广大人民群众提供更好的公共产品和服务。这确实是一个值得考虑的问题。

第二个问题是更普遍的气候变化和环境退化问题。我们必须采取集体措施来应对气候变化，世界上越来越多的人也意识到了这一点。一幅来自美国国家海洋和大气管理局（NOAA）的图表已被广泛传播，它展示了过去80万年大气中的二氧化碳水平；其政治影响也被广泛地讨论。在社会不平等和环境恶化方面存在着严重的、看似难以解决的问题。但我们也有其他理由认为，资本在其进化轨迹中不仅越来越不合理和不公平，还是野蛮的，甚至是自杀性的。如果真的是这样，那么很显然，资本需要被另一种经济秩序所取代。正如马克思对英国当时普遍的工厂条件（如恩格斯及其《英国工人阶级状况》揭示的那样）感到愤怒，认为它们是不人道的，完全不可接受的。①我们可以看看孟加拉国等国家当前的工厂条件，并得出结论说，"这不是文明世界组织生产应有的方式"。既然有技术可以采用其他的方式生产，为什么资本还要继续以这种方式组织生产呢？

还有一个马克思没有处理的问题，但这个问题在当下变得至关重要。资本总是与增长有关：它必须如此，因为它是逐利的。一个健康的资本主义经济使得每个人都有正利润，这意味着一天结束时的价值比一天开始时的更多。然后在竞争的"强制规律"的作用下，一天结束时的剩余价值会被用来创造更多的价值。资本主义的增长是复合增长，而现在复合增长是一个问题，因为全球的经济规模大约每25年会翻一番。

在马克思的时代，经济规模在25年内翻一番并没有太大的问题，但现在的经济体量与当时比已经发生了翻天覆地的变化。1950年4万亿美元的经济体在2000年已经增长到了40万亿美元，而现在是80万亿美元（以1990年不变价计算）。如果这种情况继续下去，如资本运动规律所表明的那样，到2050年我们必须面对一个160万亿美元的经济体，到2075年是320万亿美元，在21世纪末可达到640万亿美元。这就是复合增长的作用。它挑战所有的

---

① 译注：参见［德］卡尔·马克思：《资本论》（第一卷），人民出版社2018年版，第267–350页。

障碍和限制，即使它本身似乎假定这种无止境的螺旋式增长是不可能永远持续下去的。

马克思引用了理查·普赖斯（Richard Price）早在1772年写过的一篇关于复利的文章。[①]普赖斯计算出，如果你在耶稣基督诞生之日投资一便士，以5%的复利计算，到1772年，你将需要150个[②]地球大小的纯金球体才能与其投资价值相匹配。但如果这一便士以单利投资，那么到1772年，它只值七先令外加一点零头。马克思强调了长期的复利是不可能实现的。但是，资本的抽象运动规律意味着资本的无尽积累没有限制。这种复合增长有可能会达到不可逾越的极限，但是在马克思写作《资本论》的时候，他不认为这种可能性是一个显著的问题——他可能觉得反正资本也不会存活这么久。自1970年以来，全球货币供应量和全球信用货币呈指数级增长，证明了潜在的复合增长轨迹，以及资本统治下全球市场中生产、分配、消费和价值的实现所面临的关键

--------

①　译注：指理查·普赖斯的《关于国债问题告公众书》。马克思在《政治经济学批判大纲》中曾引用了这本书的内容，并对普赖斯的复利计算法展开了批判，批判他"把资本看作是自行运动的东西，看作一种纯粹自行增长的数字"。参见《马克思恩格斯全集》（第二版第31卷），人民出版社1998年版，第254–255页。

②　译注：150个，马克思在《政治经济学批判大纲》中所引的原文是"15000万个"。参见《马克思恩格斯全集》（第二版第31卷），人民出版社1998年版，第254页。

问题。资本确实很难为现有的80万亿美元找到有利可图的投资机会（其中大部分都锁定在了投资基金中）。而当资本找到这种投资机会时，它必须最大限度地剥削尽可能多的劳动力，以此来证明由货币形式创造出来的大规模交换价值。在何处投放货币资本以及如何进行有利可图的投资是关键问题，因为只有一种资本可以无限制地积累，那就是货币资本。在没有国际组织的干预，或至少在不同政府之间进行强有力协调的情况下，想要利用大量的投资资金来解决环境恶化和社会不平等这两个关键问题的希望接近于零。

当世界货币受到黄金的约束时，它不可能无限地积累下去。黄金的储量是有限的，而其中大部分已经被挖掘出来。但我们在1971年放弃了金本位制度，世界货币供应从其原有的金本位制度中解放出来了。此后，货币供应量巨幅增长。世界上的各个中央银行决定了货币供应量，其中美联储处于领导地位，因为美元是全球储备货币，大多数国际交易都是用美元计价的。当我们遇到经济困难时，美联储只会印更多的钱，而这样会增加通货。但接下来的问题是，这些钱要用来做什么，如何进行有利的投资。全球经济为了解决这些问题已经进行了各种调整。例如，有一个马克思所说的实现问题：究竟如何才能将所有钱进行再投资，使其找到一个市场，产生更多的利润？这些利润将从哪里来？这又将如何解决社会和环境问题？虽然主流的政治经济模式的失败是显而易见的，政治抗议也在不断增加，但目前很少有人考虑，如何在全球资本主义经济的现有经济管理框架内部或外部解决根本的问题。我们亟须对全球经济中出现的巨大失衡进行重大调整。另一方面，我们发现资本太畸形、太庞大以至于无法生存。在目前的增长轨迹上，资本无法以当前的形式生存。我们离不开资本，但与此同时，它正走在一条自杀的道路上。这是我们所面临的核心的困境。

资本主义制度中存在着许多矛盾，有些矛盾尤其突出。我们显然应该把阶级和社会中不平等的鸿沟，以及日趋恶化的自然环境放在首位。但随之而来的是"大到不能倒，畸形到无法生存"的矛盾。如果不处理这个潜在的矛盾，社会不平等和自然环境恶化的问题都无法得到解决。社会主义和反资本主义的计划将不得不在刀刃上寻找出一条出路：既要保留那些为世界人口服务的、过于庞大和基础的以至于不能倒的东西，又要考虑到这些东西有可能会因为过大而变得畸形。最终它们的生存会引发地缘政治冲突，而这些冲突可能会将已经在地球上肆虐的无数小型战争和内部斗争变成一场全球性的大火。

这就是问题的核心所在。在马克思的时代，如果资本主义突然崩溃，世界上大多数人仍然能够养活自己和繁衍后代。他们在当地可以合理地自给自足，获得生活和繁衍所需的各种东西。无论全球经济和全球市场发生了什么，人们都能把早餐端上餐桌。

但是现在，世界上的许多地方情况已经不再如此。在美国、欧洲的大部分地区、日本以及现在中国、印度、印度尼西亚和拉丁美洲的越来越多地区，大多数人越来越依赖于通过资本流通提供的食物。在马克思的时代，全球可能只有10%的人口容易受到资本流通中断的影响，而更多的人则受到饥荒、干旱、流行病和其他环境破坏的影响。1848年的欧洲资本主义危机一方面是因为农作物收成不好，另一方面是因为用于铁路金融的投机性投资的崩溃。从那时起，世界市场上的资本运作在很大程度上消除了由所谓的自然原因导致的饥饿。如果出现饥荒，其根本原因（而不是导火索）总是可以追溯到社会和政治体系的失败上，而这些体系正是由资本主义治理和分配的。现在世界上大部分的人口都依赖资本流通来采购和确保粮食供应，获取维持日常生活所需的燃料和能源，并运行精密的通信结构和设备，以促进协调生产的基本要求。

在当下，资本与日常生活的再生产息息相关，以至大到不能倒。大规模和长期的资本循环连续性的失败所带来的经济后果、社会影响和代价将是灾难性的，对世界上很大一部分人口来说可能是致命的。当然了，安第斯高原的土著和农民可能会生存得很好。但如果资本流动长期中断，那么世界上可能有三分之二的人口将在几周内受到饥饿的威胁，被剥夺燃料和照明，同时失去行动能力，几乎没有能力去有效地重新创造他们所需要的生存条件。对资本流通所进行的任何形式上的、持续和长期的攻击或破坏，我们现在都无法承受，即使我们知道应该严格抑制很多臭名昭著的资本积累形式。革命者们曾经幻想过一夜之间毁灭资本主义，并且在灰烬上立即建立起不同的制度——这种幻想在今天是不可能实现的，即使曾经有可能通过这样的手段、用革命推翻资本主义。某种形式的商品流通，也就是货币资本的流通，必须在相当长的时间内保持运转，以免我们大多数人挨饿。正是从这个角度我们可以说，资本现在变得大到不能倒。马克思观察到我们渴望创造我们自己的历史，但这永远不可能在自主选择的条件下完成。这些条件决定了一种政治形态，即维持许多现有的商品链和商品流通，同时将它们社会化，并可能逐渐改善它们，以适应人类的需求。正如马克思在对巴黎公社的评论中指出的那样：

> 为了谋求自己的解放，并同时创造出现代社会在本身经济因素作用下不可遏止地向其趋归的那种更高形式，他们必须经过长期的斗争，必须经过一系列将把环境和人都加以改造的历史过程。工人阶级不是要实现什么理想，而只是要解放那些由旧的正在崩溃的资产阶级社会本身孕育着的新社会因素。[1]

---

[1]　译注：《马克思恩格斯文集》（第三卷），人民出版社2009年版，第159页。

我们的任务是找出我们现有社会中的潜在元素，以和平过渡到实施更偏向于社会主义的替代方案。革命是一个漫长的过程，而不仅仅是一次性的事件。

第二章

# 新自由主义简史

　　我在2005年写过一本名为《新自由主义简史》（*A Brief History of Neoliberalism*）的书。我不喜欢为自己的书打广告，但是我觉得在此复述一遍该书出版以后发生的事是很重要的。这本书主要讲在20世纪70年代，有一些政治和经济力量被动员起来，公司阶层（corporate class）试图尽可能多地积累这些力量，并且努力获得财富和权力。

　　在20世纪70年代，上述阶层感觉受到了威胁，因为当时的立法机构正在通过许多对公司"不利"的立法方案。这些方案囊括了环境保护、消费者保护、职业的安全和健康保障等一系列问题。刘易斯·鲍威尔（Lewis Powell）（他后来在美国最高法院任职）写了一份广为流传的简报。简报的要点是，"现在的发展已经过犹不及。社会上反资本主义的言论已经过于强烈。我们必须反击，我们必须动员起来"。之后，商业圆桌会议、商会和各种右翼智库等组织聚集在一起，这些组织都是当时已有的或者新成立的，以此来扭转日渐强大的反资本主义言论浪潮。

　　这本书的主题是讲述这一切是如何发生的。对我来说，新自由主义总是被定义为一个阶级性的计划、一个少数精英阶层积累更多财富和权力的计划。在很多年以后的今天，在非常小的阶层中积累财富和权力的过程更胜于以往。

　　经常有人问我："新自由主义在2007—2008年间结束了吗？那是新自由主义的紧要关头吗？如果是的话，那现在的我们又处于什么阶段呢？"这是我们应该在政治上认真考虑的问题之一。但要做到这一点，我们必须稍微了解一下新自由主义作为一项计划（project）是如何运作的。例如，我意识到，它虽然是资本家阶级和大公司的少数精英主导的计划，但需要一个健全的民众基础。从20世纪70年代开始，新自由主义就试图笼络共和党，试图为这个小众精英计划寻找民众基础，而这个民众基础主要来源是右翼宗教群体——从20世纪70年代开始他们变得越来越政治化。

也有人试图从理论上解释新自由主义。虽然我不认为20世纪70年代聚集在一起的资本家们想到了这一点，但是他们发现手边有一种被称为货币主义或供给学派的经济学理论。于是他们用一种整齐划一的方式说："好吧，我们需要改变这一动态；我们要让国家不再干预经济；我们需要创造更自由的市场；我们尤其需要摆脱工会的权力。"因此，供给学派作为一种方便的经济理论进入了人们的视野，作为实施新自由主义计划的基础。

供给学派主张通过控制供给条件来管理经济，而其中最关键的当然就是劳动力。在20世纪70年代，劳工是很强大的群体，他们有工会，在欧洲大陆和英国有社会民主党（如英国工党），甚至美国的民主党也受制于大工会。新自由主义在早期阶段致力于遏制（工人）联盟和大工会的权力（power），并试图重新调整政治局势，通过一切手段削弱劳工的作用。

为了实现这一点，企业中的精英们需要通过某种方式来获得政治权力。这就意味着在选举上花钱。20世纪70年代,有很多关于选举花销过高的争议——这是否合理? 在那几年也有几个相关的美国最高法院的案子。简而言之,讨论的话题从"在选举中花钱是有必要的,但需要适度",到"我们应该完全开放选举的货币化"。最高法院最终认定选举中的花销是一种言论自由的形式,应该受到保护。因此,没有人应该阻碍金钱自由地流入政治。这使得大公司和富人在政治上逐渐增加了主导权。

这些大公司和富人还需要占领媒体的话语权,而他们通过合并和集中企业的控制权和所有权来非常有效地实现了这一点。他们还需要在某种程度上占领大学。但是由于在20世纪70年代初,学生团体运动非常强烈地反对大公司和战争,同时高校教师有很强的自由主义倾向,因此占领大学是行不通的。大公司和富人们试图从智库入手来包围大学:资本巨头们赞助了曼哈顿研究所(the Manhattan Institute)、国家经济研究局(the National Bureau of Economic Research)、奥林基金会(the Olin Foundation)、传统基金会(the Heritage Foundation)以及类似的机构。他们出版了大量的书,提出了大量的观点,包括反对劳工、支持公司、支持自由市场,以及支持更进一步开放市场的竞争水平等。这就是从20世纪70年代开始盛行的情况,这些措施获得了巨大的成功。

到了20世纪90年代,劳工权力在很大程度上已经被剥夺了,大部分用来控制公司的监管机构被撤销。克林顿(Clinton)领导

的民主党已经成为新自由主义政治的代理人。克林顿上台时承诺
对医保进行渐进式的改革、为人们提供更好的生活条件，但他最
后带给整个国家的是北美自由贸易协定（NAFTA）。这是一个反
劳工的协定，协议签署的时候没有任何大工会的代表在场。民主
党从其传统的大工会基础上抽身出来，开始培养世界主义的城市
职业精英作为其新的权力基础。

　　克林顿给了我们带来了北美自由贸易协定和所谓的福利改
革，带来了监禁项目（incarceration project），把许多年轻的黑
人当作罪犯来对待。他废除了许多金融法规，其中就包括了自20
世纪30年代以来一直存在的《格拉斯–斯泰格尔法案》（Glass-
Steagall Act）①。克林顿是新自由主义计划的一个主要代言人。
在大西洋的彼岸，托尼·布莱尔（Tony Blair）扮演了类似的新
自由主义者的角色。他说，我们必须与企业合作，而不是与之
对立。

　　到20世纪90年代，新自由主义计划已经颇具成效。通过社
会不平等数据，我们能看到几乎所有主要的经济合作与发展组织
（OECD）国家，比如英国、美国以及许多欧洲国家的社会不平

---

　　①　译注：《格拉斯–斯泰格尔法案》（Glass-Steagall Act），也称为
《1933年银行法》。该法案将投资银行业务和商业银行业务严格地划分开，保
证商业银行避免证券业的风险；禁止银行包销和经营公司证券，只能购买美联
储批准的债券。

等都大幅度增加了。托马斯·皮凯蒂（Thomas Piketty）在《21世纪资本论》（*Capital in the Twenty-First Century*）<sup>①</sup>一书中记录了这种社会不平等的加剧。这其实不是一本关于资本的书，而是一本讲述从20世纪70年代开始，在资本主义制度下，社会不平等越来越严重的书。

这些可以说是新自由主义取得的成功：劳工被剥夺了权力，环境法规没有得到执行，对金融的监管被削减了。这也让我们想到了智利的阿连德社会主义选举和1973年智利的皮诺切特新自由主义反革命的政治计划。我们拥有一个完整的新自由主义时代，最初是由撒切尔夫人（Margaret Thatcher）和罗纳德·里根（Ronald Reagan）在他们各自的国家领导，然后扩散至世界各地。

我试图在《新自由主义简史》中讨论相关的内容，并谈论我们在公元2000年之后所处的阶段。在当时，新自由主义计划已经实现了它的目的，似乎没有什么反对这个计划的空间。撒切尔夫人有一句名言："别无选择。"她认为，她不仅要改变经济，还要改变人们的思维方式和整个经济文化。当时提倡的思维方式是个人主义、个人责任和自我提高。我们都应该成为自己的企业

---

① 译注：中译本有，〔法〕托马斯·皮凯蒂：《21世纪资本论》，巴曙松译，中信出版社2014年版。

主，并对自己进行投资。

如果我们最终陷入贫困，那是因为我们没有在自己身上进行正确的投资。这不是制度的错，是我们自己的错。如果我们的房子因为抵押贷款而被没收，这不是制度的错，而是我们的错。当时提倡的就是这种自力更生的概念。到了20世纪90年代，这种想法已经占据了主导地位。然而，这种想法有一个很深的历史渊源。我在书中对此强调过很多次。在20世纪60年代有一场规模浩大的运动，当时的人们希望获得个人独立、自由和社会正义。1968年那一代人的运动①（如果你想这么称呼它）与资本的目的对立。资本对运动的反应是："我们给你个人自由，我们也重视个人自由。我们将围绕个人自由构建事物，特别是在资本市场上，我们会使你在市场上得到很多选择的自由。但是作为交换，你要忘记社会正义这回事。"

这就是1968年那一代人与魔鬼做的交易——从20世纪七八十年代的里根和撒切尔开始，直到90年代的克林顿。到了90年代，许多人开始接受这个设定：如果他们遇到了问题，那是他们自己的错。他们认为制度本身非常好。对于超级富豪和成功的企业家

---

① 译注：1968年那一代人的运动，指20世纪60年代中后期爆发于美国、欧洲等地的反战、反资本主义、反官僚精英的社会运动。其中以1968年美国的大规模示威游行、法国的"五月风暴"等事件为代表，使得"1968"成为具有特殊意义的文化符号。

来说，制度是非常好的。有钱人变得越来越富有，首席执行官和员工之间的收入差距也越来越大。

然后就到了2007、2008年，我们迎来了那场严重的金融危机。这使得新自由主义制度看起来失败了。讲到这里，我们已经涉及了理解我们现在周围发生事件的关键点。从20世纪90年代到2005年左右，公众都认为当时的制度至少是可行的。到了2007、2008年的时候，这种认知变成了"制度是不可行的"。此外，所有人都开始意识到，超级富豪们一直是制度的受益者。在2007、2008年，政府救助银行家、救助华尔街，给了他们一切。而华尔街的银行家在2008年使世界经济崩溃，但作为始作俑者的他们却集体拿了超过300亿美元的奖金。对此，人们都在说制度已经被极端富有的人操纵了。然后我们看到，社会上的言论开始针对新自由主义进行攻击。

但是接下来最大的问题是：人们是否真的对资本的力量进行了攻击，还是说这种攻击以某种方式被巧妙地化解，从而使新自由主义得以继续？我的观点是，新自由主义并没有在2008年的那场金融危机中结束。它失去的是合法性，尤其是政治上的合法性。人们对制度存在着不满，已经深陷这种不满的情绪中不能自拔。换句话说，人们开始与他们所处的整个经济体系疏远。但与此同时，这个制度本身并没有改变。

自2007、2008年以来，富人是获益最多的人群。他们利用了

"绝对不浪费一次良好的危机"的理念为自己牟利。如果你看英国和美国的数据，会发现前1%的人的财富和权力增加了14%、15%，甚至20%，而其他人的财富自2008年以来要么停滞不前，要么有所损失。新自由主义计划并没有走到尽头，事实上，它一直在继续。但它不再像以前那样，在具有合法性的情况下继续。因此，新自由主义计划必须找到一种新的合法形式。而我认为我们应该对此保有高度警惕。

2008年，经济崩溃（主要）发生在房地产市场。在美国，大约有700万户家庭失去了他们的房子。事情发生时，我们预计那些被剥夺了房子的人会发起大规模的运动、上街抗议。在当时确实发生了一些运动和抗议，但是总的来说，当时失去房子的人们更多的是自我责备。从20世纪80年代开始建立的、关于自我完善和投资自己的新自由主义文化让人们责备自己，并将问题内化。当然，在媒体和其他地方还聚集着另外一群人，早就摩拳擦掌准备好了谴责受害者。

现在，当受害者受到指责时，总有一个残余的、隐藏的声音在问："我真的应该受到指责吗？"这伴随着一种不舒适、不满足的感觉。因此，所有在2008年受到金融危机影响的人都陷入了不知所措的境地。他们看到政府处理银行家的问题，治愈银行业的创伤，但没有任何人来帮助他们。相反地，他们得到的是对公共供应日益紧缩的政策，还要作为"有害的失败者"面临着敌意。政策紧缩的目的是什么？是为了偿还银行家的钱？还是为了贿赂超级富豪？这让受害者开始感觉不对劲。

这种怀疑使人们开始提问："金融系统出了什么问题导致了如此大的崩溃？为什么这会蔓延成全球性的金融危机？"他们得到的典型答案是："金融系统太复杂了，你无法理解例如信用违约交换、抵押债务这些金融工具。"——它太复杂了，你们凡人是无法理解的。于是每个人都开始说："金融系统太复杂了，除了专家以外没有人能理解它。"

然后人们说："好吧，如果只有专家能理解它，那么专家怎么会错得这么离谱？为什么专家们没有预见可能发生的问题，还最终让错误发生了？"曾经发生过一件很奇妙的事情，当时英国女王在白金汉宫的一个茶话会上与一群经济学家坐在一起，她问经济学家们："你们怎么会没有预见经济崩溃的到来？"经济学家们面面相觑，不知道该说什么。于是，他们召开了一个经济学会议，试图想出一些答案，以便下次和女王喝茶的时候能回答："好吧，我们明白什么地方出了问题。"然而，他们想出的唯一答案是："我们不了解系统性风险。"

这样的坦白让人感到惊讶。如果有一个系统，系统中有风险，而且是系统性的风险而非偶然的风险，你会理所当然地认为很多人都会注意到这一点。但事实证明，没有一个经济学家，没有一个理论家，没有一个专家关注系统内不断增加的风险。当这个风险最终引发危机的时候，所有人都措手不及。这是知识能力的缺失，也是想象力的缺失。这意味着系统本身确实有非常大的问题，需要加以纠正。这就是我认为我们在2008年金融危机之后所处的境地。我们需要开始思考到底出了什么问题，以及超级富豪们持续性地通过政府的政策获利这件事情的合法性，围绕着这一切究竟发生了什么。那么，从这一切中我们可能会得出什么样的答案呢？

第三章

# 新自由主义的矛盾

我通过马克思《资本论》的角度分析了新自由主义，并试图找出新自由主义的核心矛盾。马克思著作中涉及的矛盾有几个方面，但有一个简单的方法来看待它。在《资本论》的第一卷中，马克思分析了一个技术变革强劲、强烈追求利润的社会会有什么样的发展趋势。他分析了"剩余价值生产"，它建立在生产中对劳动力的剥削之上。因此，20世纪70年代开始对劳动者力量的压制和马克思在《资本论》第一卷中的分析是一致的。

在《资本论》第一卷的结尾，马克思描述了这样一种情况：资本家用巨大权力来加强对工人的剥削，从而使资本家的利润率最大化。利润率的最大化取决于劳动者们工资的减少。在《新自由主义简史》中有一个关键图表显示，自20世纪70年代以来，工资在国民收入中的份额逐步下降。[①]生产力的提高并没有伴随着实际工资的增加。《资本论》第一卷预测：大部分人口将日益贫困，失业率上升，会产生可支配人口，而这些将加大劳动力中的不稳定性。这是《资本论》第一卷中的分析。[②]

但是《资本论》第二卷从另一个角度看待这个问题。因为在这卷中，马克思着眼于资本如何流通，它如何将需求和供给联系

---

① 译注：图表参见［美］大卫·哈维：《新自由主义简史》，王钦译，上海译文出版社2010年版，第29页。

② 译注：参见［德］马克思：《资本论》（第一卷），人民出版社2018年版，第872-875页。

起来，以及它如何在系统自我再生产时保持自身的平衡。为了保持平衡，工资率必须稳定下来。用非常简单的话来说，如果你不断削减工人们的力量，付给他们的工资也在下降，那么最大的问题会是："市场在哪里？市场会怎样？"马克思在《资本论》第一卷里说的上述情况就会让资本家在市场上面临困难，因为他们支付给工人的工资越来越少，而市场也变得越来越小。这是新自由主义时代的核心矛盾之一："你的市场将来自哪里？"

这个问题有许多答案，其中一个答案是地理扩张。中国、俄罗斯和一些东欧国家被纳入全球资本体系，由此开辟了巨大的新市场和可能性。对这个问题还有许多新的答案，但是最重要的答案是：给人们信用卡，让他们欠钱，让他们债台高筑，创造越来越多的债。

换句话说，如果工人没有足够的钱买房子，那么你就借钱给他们买房子。然后，楼市就会因为你给工人们借钱而上涨。在20世纪90年代，越来越多的钱被借给那些收入越来越低的人。这是2008年金融危机的根源之一。最终，信用贷款几乎向所有人开放，不管他们的收入和偿还抵押贷款的能力如何。在住房价格上涨的时候这不是一个问题，因为如果他们无力偿还贷款，他们（或者他们的银行）总是可以把房子卖掉来获利。

但主要问题是，在工资被削减的情况下，如何管理需求方？正如我所指出的，克服这种差异的方法之一是扩大信用贷款系统。信用贷款的数字实际上是相当惊人的。在1970年的时候，在一个典型的资本主义社会，负债的总额相对适度。而且大部分的债务不是累积性的。一般都是你在这边借了，去还给那边。因此，在20世纪70年代，净负债的增长速度并不快。

但从20世纪70年代开始，净债务与国内生产总值（GDP）的关联度开始增加。而时至今日，世界上的总债务约为世界上商品和服务总产出的225%。当然，这些只是数字，很难把它们放在具体的背景下面。但是我们可以挑选一个社会背景来举例。早在1980年，墨西哥就陷入了债务危机，而当时它的债务只达到其国内生产总值的80%或90%。在当时高达80%或90%的债务就已经是迫在眉睫的危机状况。虽然现在世界上的债务比当时多出三到四倍，但似乎没有人对此感到困扰。因此我们看到的就是债务越来越多。

我认为如果要理解20世纪80年代发生的事情，就需要知道一个重要的概念：如果没有一个强大的国家，新自由主义就无法生存。这在意识形态上非常复杂，因为很多关于新自由主义的言论都是诸如"把国家赶出去，摆脱国家。国家是一个大麻烦，所以我们必须摆脱国家干预"。罗纳德·里根有句名言："政府不是解决方案……政府才是问题所在。"

事实上，国家并没有被"赶出去"。它的功能从通过医疗保健、教育和广泛的社会服务等福利结构来支持人民，转身变成了支持资本。国家支持甚至补贴资本。从20世纪80年代开始，国家为了支持资本而耍了各种计谋。

最近的一个例子是亚马逊。当亚马逊决定建立第二个总部时，它邀请各个城市和地方政府提交标书。"你能给我们提供什么？"亚马逊问道。这是世界上最富有的公司之一，但是它此举是在暗示需要得到政府补贴才能运营。新泽西州说他们可以提供这些条件，而其他城市又积极表示他们可以提供那些服务。现在，公司从公共财政中获得补贴以开展工作已经变成了一种常态。纽约市和州政府提供了各种诱人的条件，但是因为当地居民的反对，亚马逊被迫退出了纽约。然而这种情况是罕见的。

富士康刚刚同意在威斯康星州设立工厂，他们因此得到了州政府价值40亿美元的激励补助。州政府就这样把40亿美元给了富士康，而没有用在教育、医疗和其他人们所需的东西上。州政府争辩说"这创造了就业机会"，但是实际上这并不会创造那么多的就业机会。你计算一下就会发现，每份工作大概只会创造出两万美元，而这些钱也是由政府补贴提供的。国家已经通过税收安排、直接补贴、提供基础设施和规避监管限制等各种手段支持公司企业，而不是支持人民。

要做到这一点，需要一个强大的国家，一个弱小的国家是无法做到这样的。我在《新自由主义简史》一书中提到的一点是，新自由主义和新保守主义之间正在形成的联盟。这个联盟在20世纪90年代被称为"新保守主义",它在政府中形成了一个强大的派系。这个派系在小布什政府上台后掌权,非常注重将唐纳德·拉姆斯菲尔德(Donald Rumsfeld)和迪克·切尼(Dick Cheney)所代表的新保守主义伦理与新自由主义经济原则结合起来。新保守主义者主张建立一个强大的国家,也就是一个军事化的国家。而这个国家也将支持新自由主义的资本计划。

碰巧的是,这个军事化的国家也与伊拉克开战了,而结果是灾难性的。但我们在这里要讨论的重点是,新自由主义计划与一个强大的新保守主义国家相融合。这种联盟非常重要,而且随着时间的推移和新自由主义失去它在普罗大众中的合法性,会变得更加重要。

这种国家对大资本的支持在2008年金融危机期间并没有消失。在小布什时代,新保守主义计划基于各种原因,再加上伊拉克战争而日益失去其合法性。新保守主义者把我们卷入了伊拉克战争,他们让我们陷入了在外国进行的冒险主义。在小布什政府任期结束时,新保守主义和新自由主义之间的联盟已经破裂了。新保守主义走到了尽头。其主要参与者淡出了政治舞台,比如康多莉扎·赖斯(Condoleezza Rice)和拉姆斯菲尔德。这意味着在小布什时代,新保守主义运动为新自由主义政治提供的那种合法性消失了,随之而来的就是2008年金融危机。国家不得不强大起来,拯救大资本。这就是当年金融危机的大背景。

通过从新保守主义的灰烬中调动强大的国家力量，我们摆脱了美国内部的危机。在意识形态上，这可能与新自由主义者反对国家强力干预的论点不一致。但国家别无选择，它只能代表资本进行干预，而不是代表人民。如果要选择支持银行和金融机构，还是支持人民，那么明确的选择是支持金融机构。这成为新自由主义政治游戏的关键规则之一，并在未来几年毫不留情地实践着。

我们本可以向丧失房屋抵押赎回权①的房主们提供大量补贴来解决2008年金融危机，那样做的话就不会有后续大规模的丧失房屋抵押赎回权情况的发生。政府本可以通过这种方式来拯救金融系统，而不是在拯救金融系统的同时让人们失去他们的房子。那么，为什么没有人尝试这么显而易见的解决方案呢？

从资本的角度来看，让人们失去他们的房子实际上是一件很好的事情。到时就有很多因为还不起贷款而被迫进行司法拍卖的房子，让对冲基金和私募公司几乎空手套白狼，然后再等房地产市场复苏的时候大赚一笔。黑石集团（Blackstone）现在是美国房地产业最大的业主之一，它是一家私募股权公司。它在金融危机的时候买下了所有能买到的司法拍卖房，并把这变成一个非常赚钱的生意，从房地产市场的灾难中大赚了一笔。黑石集团的掌

---

① 译注：丧失房屋抵押赎回权（foreclosure），即丧失抵押品赎回权，指借款人因违约（没有还款）而失去赎回抵押品的权利。

门人史蒂芬·施瓦茨曼（Steven Schwartzman）几乎在一夜之间成为世界超级富豪。

这一切都在2008年金融危机中清楚地展露出来。国家没有满足人民的需求，而是在回应大资本的需求。新保守主义运动失去了其公信力。

那么，政治的合法性将从何而来呢？2008年金融危机后又将如何构建合法性？这使我们找到了最近发生的事情的关键点之一。我已经说过，人民在当年那场金融危机的时候就被抛弃了。人民感到没有人愿意帮助他们，或关心他们的处境。我们正处于这30年来去工业化的末端。去工业化摧毁了许多社区，使许多人失去了体面的就业机会。人们被疏远了，而被疏远的人群往往会变得非常不稳定。他们变得孤僻又忧郁，一些人开始吸毒和酗酒。阿片类药物开始流行，自杀率回升。人口预期寿命在美国许多地方都在下降，人民的生活状态一点都不好。人们普遍感到很难受。

这时候就出现了一个问题："这一切该怪谁呢？"大资本家和他们的媒体最不想看到的就是人们对资本主义和资本家的指责。这种情况在1968和1969年的时候就发生过。人们开始指责资本和公司，而这样的结果就是迎来一场反资本的运动。

2011年，发生了占领华尔街运动，人们把矛头指向华尔街，指责他们的过失。人们开始想："好吧，你知道，银行家其实是享有特权的，他们实际上进行了很多犯罪活动，但没有人进过监狱。"世界上唯一将大银行家（而不是少数淘气的下属）送进监狱的国家是冰岛。

占领华尔街运动指控掌握权力和财富前1%的人，说问题出在他们身上，华尔街对此紧张极了。随即，当时被资本控制的所有大机构不约而同地构建了一系列的说辞，例如"问题在于移民"或"享受福利的人们太懒惰了"（这种说辞时常还带着种族标签），"主要是因为中国带来的不公平竞争"，或者是"问题在于人们没有适当地照顾和投资自己"。阿片类药物的流行被说成个人意志的悲剧性失败。

我们开始在主流媒体和许多由极右翼和另类右翼控制的机构口中听到这些说辞。这些机构突然间用大量资金、通过茶党（Tea Party）、科赫兄弟（Koch brothers）和一些大资本中的小团体来购买选举权，支配州政府以及联邦政府。

这是20世纪70年代趋势的延续，资本家阶级需要围绕政治来巩固权力。但（据他们的说法）这一次的罪魁祸首是移民，是来自外国的竞争和全世界金融市场的状况，是太多令人窒息的监管，等等。总之，除了资本，什么都可以责怪！

最终，我们等来了唐纳德·特朗普（Donald Trump）。在我看来，他是一个偏执、古怪和有点精神障碍的人。但是看看他做了什么。他尽可能地放松了对金融市场的监管；他摧毁了环境保护机构，这是大资本家自20世纪70年代以来一直在追求的事情之一；他进行了一项税收改革，尽其所能地讨好前1%的人、大公司和债券持有人，而几乎没有给民众带来任何利益；他放松了对矿产开采的管制，开发联邦土地，等等。这是一套纯粹的新自由主义政策。他的所有政策中，只有贸易战，可能还有反移民政策不在新自由主义的剧本之内。从经济的角度来看，特朗普基本上是在追随新自由主义的步伐。

但是这样的经济政策是如何被合理化和合法化的？特朗普正是通过民族主义、反移民的言论使其合法化。这是资本得以进行的一个典型模式。我们看到科赫兄弟用他们的金钱力量主宰选举，通过布赖特巴特新闻网①、福克斯新闻（Fox News）和其他的媒体主宰言论。而现在他们正在用同样的方式毫无顾忌地推行这个新自由主义计划（除开贸易战和反移民政策）。

然而在这个时间点上，资本家阶级内部不像20世纪70年代那样巩固和统一。有一些资本家阶级派别看到了新自由主义经济模式显而易见的问题。而特朗普主张的例如关税、反自由贸易和反移民等政策不一定是科赫兄弟想要的，也不是整个资产阶级主张的。现如今，资本家阶级自身内部有一些矛盾，但我们可以看

---

① 译注：布赖特巴特新闻网（Breitbart News Network），美国右翼新闻网站，被视为美国"另类右翼"的最大媒体平台。

到，这场"责怪资本以外的其他人"运动的兴起与人们对2008年金融危机的反应有着直接的关系，这是资本家阶级在这些年中的一个绝望之举。到目前为止，它是成功的，但它显然也是脆弱的、不稳定的。而不稳定的人口，特别是那些被疏远的人口，可以向无数个不同的政治方向走去。

第四章

# 权力的金融化

我认为有一段历史很重要，值得单独审视：那就是一切事物的日益金融化和金融力量惊人增长的历史。这个问题很有趣，因为从历史上看，金融往往被视为只有寄生功能，本身没有任何生产力。直到20世纪70年代，金融活动都不被包括在国民收入和生产核算账户中。它们不是衡量国内生产总值的一部分，因为它们被视为简单的交易活动，而不是生产活动。但随着金融力量的增长，我们看到金融家们愈发频繁地试图说服大众，说金融活动是生产性的，因此应该被包括在国民收入和生产核算账户中。你可以想象，随着英国脱欧，这（伦敦的身份定位）已经成为一个非常大的问题，因为伦敦市应该是英国经济的生产者，每个人都想要伦敦继续扮演金融城的角色。在20世纪70年代，金融不会被归类为生产性，而被归类为交易和流通活动。因为，金融不直接生产任何东西。英国生产汽车和其他商品，而金融对其无关紧要。但现在高盛的前任掌门人劳埃德·布兰克梵（Lloyd Blankfein）大声疾呼，高盛不仅做着"上帝的工作"，而且实际上还是美国经济中最具生产力的一个部分。他说，高盛的员工是世界上最具生产力的一些工人。

这就提出了一个有趣的问题：金融服务的价值到底有多少？我们可以都只靠金融服务生活吗？你不能吃它们，穿它们，或住在它们里面。因此，"金融服务在很大程度上是寄生性的"这种说法其实很有道理。如果它们被归类为寄生性和非生产性（这也是"占领华尔街"口号中一个共同的主题），那么金融就会失去在政治和经济上的特权地位。但现在，高盛坚持认为自己极具生产力，而失去高盛的纽约将迎来一场金融灾难。对高盛的工作活动的限制性监管已经对就业和增长产生了负面影响。进一步放松对金融服务的监管在纽约长期以来是一个焦点。就在2008年金融危机之前，当时的纽约市长迈克尔·彭博（Michael Bloomberg）对各方面施压，要求进一步放松对纽约金融服务的监管，使纽约比伦敦更具竞争力。进一步放松金融监管可以释放已经存在的潜在生产能力。据说，所有监管机构都是对生产力的阻碍和抑制。紧接着我们迎来了金融危机，以及以多德-弗兰克（Dodd-Frank）金融改革法案①形式出现的金融管制。但我们现在看到了一场并不精明的运动，目标是削弱多德-弗兰克法案，然后进一步放松对金融服务的监管。特朗普政府延续了雇用前高盛高管来管理美国财政部的传统，他们对于放松监管一直非常乐意配合。

金融能产生价值吗？如果可以的话，它又是以何种方式生产价值的呢？这里有一个很有意思的点，我们需要回到马克思的

①　译注：多德-弗兰克金融改革法案，全称为《多德-弗兰克华尔街改革和消费者保护法》，分别于2010年6月30日和7月15日获众议院和参议院通过，最后由美国总统签署，被认为是20世纪30年代以来美国改革力度最大、影响最深远的金融监管改革。

理论上来理解。资本总是与增长有关，而且总是与复合增长有关——3%的复合增长率大概是一个让人满意的数值。但复合增长会产生一个指数增长曲线，它增长的速度越来越快。

有一个著名的故事，讲的是古印度国王要奖励发明国际象棋的人。发明国际象棋的人说："我要在第一个格子上放一粒米，然后在接下来的每个格子上加倍。"国王欣然同意了。但是当放到大概第34个方格时，世界上已经没有大米可以提供给下一个格子了。这就是复利的作用。你从1到2到8到16到32到64，依此类推，沿着这个轨道前进。自1750年左右以来，资本一直以每年3%左右的复合率增长。历史的平均水平会比这少一点，因为像20世纪30年代那样的萧条时期打断了增长的道路。但还是让我们假设资本每年有3%的复合增长率。在马克思的时代，3%的复合增长率仅发生在西欧，也许还有美的东部沿海地区。这并不是什么大问题。但是在当下，以3%的复合增长率发展下去的话，这就会是一个很大的问题。如何吸收这种复合增长率会变成一个真正的问题，你必须为越来越多的资金寻找和不断扩大投资机会。

目前，全球的GDP接近80万亿美元。[1]因此，我们现在需要

①　译注：据世界银行的核算，2019年全球超过200个国家、地区的经济总量约为87.752万亿美元。

为额外增长出来的80万亿美元寻找新的投资机会，希望在未来25年内每年产生至少3%的利润。早在2000年的时候，我们只需要吸收40万亿美元的增长。再过20年，我们将谈论160万亿美元的投资机会。全球经济规模需要每20年左右翻一番。如此非凡的扩张能以什么形式出现？经济能否在实体上扩张？看看它在过去40—50年间在实体上的扩张：整个苏联都进入了资本主义体系，中国走上了市场经济的道路。许多过去比较沉寂、没有太多资本主义发展的国家（如印度尼西亚和印度），现在已经完全融入了不断扩张的全球资本主义经济。由于环境和其他原因，实体增长的复合速率可能是灾难性的。

在这方面，我最感兴趣的信息是中国的水泥消费量。在2012年之后的两年里，中国人消费的水泥是美国在过去100年里消费总量的两倍。[①]如果这就是复合增长在物质上的体现，那么这意味着我们即将迎来一场灾难——60年后，我们将被淹没在钢筋水泥之中。所以，系统要如何扩张，这真的是一个问题。它能在生产和消费的商品方面扩张吗？它能在生产活动和剩余价值生产方面扩张吗？它能在货币量方面扩张吗？在这些选择中，唯有货币

①　译注：据《华盛顿邮报》2015年3月24日报道，美国在20世纪的水泥消费总量大约有44亿吨，而中国在2011—2013三年中消费了大约64亿吨水泥。中国《环球时报》于26日援引并证实了这组数据。因此，原文数据应为误。

这个选择在原则上是无限的。它只需要在世界货币供应量后面加零就可以了。

这实际上就是各国中央银行的量化宽松政策。自20世纪70年代以来，世界的货币供应量呈指数增长，这种扩张原则上可以是无限的。但是，如果这个世界上有越来越多的钱，随之而来的问题是，它可以用来做什么、可以买什么？我们很难把所有新的钱用于真正的投资。当银行在2008年金融危机之后获得大量资金救助时，人们希望其中的大部分资金可以用于增加生产活动。但银行只拿了不到20%的钱用于生产活动，其余的被用来回购股票、在股市中投资资产价值，或者是购买自然资源资产（包括土地和不动产）。这些钱并没有用在任何生产性的东西上面，它主要用于投资货币工具，还有对土地价值和不动产价值的投机。这里有一个有趣的事情。2008年金融危机始于房地产市场，而市场在危机后对此的反应是重新开始，并加速对主要房地产市场的投机。旧金山联邦储备银行的人曾经说过，"美国通过建造房屋和填充东西来摆脱危机的历史是悠久的"。在世界上所有主要大都市的房地产市场上，房地产的价值都是一派难以置信的繁荣景象，以至于很大一部分人没有可以住的地方，因为他们负担不起。对于年收入5万美元的人来说，现在在纽约市找到一个可以居住的地方简直是天方夜谭。经济适用房的危机是真实而普遍的。

这就是现在疯狂的局势。自2008年金融危机以来，货币方面的发展非常迅速，而在实物方面却没有多大的"进展"。现在世界上的某些地方有了进步，但是总体来说，最近的货币扩张已经让财富不成比例地落入了有钱人的手里。

这在量化宽松政策方面体现得格外明显。中央银行（下称央行，如美联储、英格兰银行、欧洲中央银行和日本中央银行）购买商业银行持有的抵押贷款和债券，他们对此支付现金，增加了自由货币在经济中的流通性，也在实际上储存了抵押贷款和债券（不然的话会拖累商业银行的活动）。这就是量化宽松。这就是政府对2008年金融危机的主要应对方式。世界各国的央行增加了全球货币供应量，但是这些额外的钱并不一定会流入生产活动；相反，它主要流入购买资产价值。

大多数人认为，量化宽松政策有利于上层阶级，而牺牲了下层阶级的利益。英格兰银行进行了一项详细研究，表明与上层阶级相比，下层阶级从量化宽松政策中获得的收益比例更多。但只有在文章的最后，你才会明白这个结论是怎么一回事：底层10%的人口在5年内平均得到大约3000英镑的额外收入，而上层10%的人额外获得了32.5万英镑。但是这些钱对下层阶级的改善率比对上层阶级的改善率高。这其实是底层10%的人口的实际贫困程度的一种写照。你会选择有10%回报率的10美元还是有5%回报率的100万美元呢？这就是我们身边正在发生的事情。上层阶级的财富和权力大大增加，而底层10%的人可以通过这种量化宽松政策每周多喝几杯咖啡。但这份报告的标题是"相对而言，穷人实际上比富人受益更多"。增长速度和增长数量之间的这种区别非常重要。大公司的盈利率可能相对较低，但你可以看到，埃克森美孚或类似的大公司的绝对回报量会是一笔巨款，而相比之下一家挣扎求生的家庭餐馆可能有相对较高的盈利率，但他们仍然在曼哈顿不断上涨的租金和送货成本的压力下苦苦挣扎。

　　大众心理的转变也表明了货币变得越来越重要。这也是社会不平等加剧的原因所在。货币甚至影响了公司的运作方式。我们会认为通用汽车是一家制造汽车的公司。但实际上通用汽车公司最成功的一部分是通用汽车金融服务公司（General Motors Acceptance Corporation），它给购买汽车的人提供贷款。这家公司发展得很大也很成功，最后变成了一家独立的银行。许多大型汽车公司从金融业务中赚到的钱比他们从制造汽车中赚到的钱更多。我最近看到了一些关于航空公司的数据，事实证明，航空公司通过对冲燃料价格和其他类似的乱七八糟的操作所赚到的钱比他们载着人到处飞赚到的要多。许多从事生产的企业都在进行金融操作，他们预计这样做能够获得良好的回报率。但这意味着你的公司需要行动迅速、经验老到，并能够获得良好的信息，以便将资金在不同种类的投资之间进行转移，能最大限度地提高收入和回报率。许多公司的领导层中多了越来越多的金融专家，而非工程专家。联邦政府和地方政府也经常帮助促成有利于公司的金融交易。例如，一家银行能够以1.5%的利率从美联储借款，然后以3%的利率购买国债。银行除了赚钱以外没有创造任何东西，这在2008年金融危机以后变得很常见。钱都进入了金融系统，很少进入生产活动。大部分的钱主要进入了金融系统的博弈中，其中也包括了资产的购买。世界各地发生了很多所谓的"土地掠夺"事件。我看过一份报告称，哈佛大学的捐赠基金会正在大规模地参与拉丁美洲的土地购买或租赁；而其他人也积极参与了非洲的土地交易，使得那里的土地价格飙升。

所以我们现在进入了投机经济的时代。我们很难将投机经济合理地理解为生产活动。但现在让我们理解金融体系错综复杂的情况也非常困难。在这一切的背后，我们看到了一类独特的投资类别（例如对冲基金和私募股权基金）的出现，它们唯一的目的是在没有任何政治、社会或经济限制的情况下，通过一切手段获得高回报率。

这些投资类别中最主要的是养老基金。养老基金坐在那里，说："我要高回报率。"然后出去问："我们从哪里得到高回报率？通过在非洲掠夺土地？"据报道称，我的养老基金（TIAA）在拉丁美洲参与了土地掠夺。我觉得这样是不对的，于是提出了抗议。但管理层说，养老基金的信托义务是尽可能获得最高的回报率，如果掠夺拉丁美洲的土地可以获得最高的回报率，那就必须这样做。管理层还说，"否则我们会被指责没有履行我们的信托义务"。我们建立了一个疯狂的经济体，它完全被金融化，以至于忘记了生产。与此同时，它背负着越来越多的债务，而这些债务要么在未来会被取消赎回权，要么最终无法偿还。

在马克思看来，金融部门内部总是存在着寄生的部分，但也有建设性的部分。我们需要金融系统来解决商品买卖周转时间不同（导致的问题），很多的金融功能对协调资本流动非常有帮助。比如过去的互助会，它们是小型的储蓄和贷款机构，当地人可以把钱存在里面换取少量的利息，然后可以把这些钱借给社区里的人来买房子。大多数人会觉得，这是一种对信贷体系的慈善性使用。信贷系统使人们能够集体筹集一些钱，来开展急需的项目（如建造医院）。信贷系统有其建设性的一面，但它也有疯狂的、投机性的一面，比如在巴西购买土地进行投机。国家应该介入并控制信贷体系中投机性的一面，同时促进慈善性的一面。

但资本家们肯定更喜欢金融体系投机性的一面，尤其是在它提供高回报率的情况下。资本家们寻求的是废除国家干预和监管控制。现在，他们正试图进一步推进政府放宽对金融系统的监管。所以我觉得接下来会有一场大战，其核心就是金融服务业何去何从，以及它在多大程度上是生产性的问题。美国的下一次选举将提出这个问题，你已经可以预期大笔资金青睐的是哪一方。

而特朗普很乐意进一步地放松金融监管。

高盛的员工是没有生产力的工人。我们需要大声宣告这一点。我们对他们最好的评价就是他们没有生产力但是有存在的必要。我们不应该把婴儿和洗澡水一起倒掉，在资本主义的框架内，我们需要一个体面且规范的信贷体系。我们需要把它作为一种公共事业来组织和管理，让它为充分和适当的社会功能和需求提供信贷。我们需要这个信贷体系投资那些能在未来具有收益的长期项目，例如教育方面的硬件和社会基础设施。换句话说，我们需要一个适当的信贷系统和信贷机构来帮助定义和资助未来。这是毫无疑问的。然而，我们不需要高盛。自20世纪90年代以来，美国历任财政部长一直出自高盛。那么，实际上高盛是在为谁的利益来管理美国的经济政策？答案是高盛自己。这就是新自由主义计划的核心。我们需要重振"占领华尔街"的言论，它强调了信贷体系中寄生的投机因素。了解金融体系中哪些是生产性的，哪些是非生产性的，是至关重要的。这是智力和理论上的挑战，也是一个现实问题。

金融和债务是对未来劳动的一种索取。负债的学生会明白这一点——他们有10万美元的债务，他们必须用10年、15年的工作来偿还，然后才能拥有属于他们自己的生活。这是他们的未来，也是我们共同的未来。我们正在进入债务奴役、劳动偿债的境地，我们中的许多人都负债累累。这与我之前提到的事情有关。

由于工资相对而言一直在下降，我们必须借助贷款的手段来维持需求。资本主义制度通过扩展和扩大信贷系统而生存，贷款的增长就是资本的增长。这就是我们目前的困境。显然这种贷款的增长不可能永远持续下去，但为了资本的生存它必须继续下去。我将在后续的章节中讨论如何解决这个问题。

第五章

# 转向专制主义

"穷人固穷，富人得富。"①用伦纳德·科恩（Leonard Cohen）的歌来说，这是每个人都知道的事情。而且，"事情就是这样的"。但是，如果每个人都知道这一点，那么为什么"每个人"都不对此采取行动呢？

最吸引我的问题是，每个人对目前所处的形势了解多少。比如让我们来考虑2019年10月8日在巴西公布的选举结果。一个叫雅伊尔·博索纳罗的人在第一轮选举中获得了46%的选票，这比民意调查的预测高出10%，说明他的表现比预期的要好得多。排在第二位的工人党候选人获得了大约29%的选票，然后是其他的候选人。所以不得不进行第二轮选举。但很明显，博索纳罗很可能在第二轮选举中获胜。

这个选举结果有很多有意思的地方。这一结果很快在巴西证券交易所引发了股市的巨大反弹，第二天股票就上涨了6%。在新兴市场普遍陷入困境之际，巴西货币雷亚尔在全球市场上上涨了3%。商业上对博索纳罗即将当选的反应非常积极。最重要的问题是：为什么？毕竟在博索纳罗的过往记录中，没有任何迹象表明他特别支持商业活动。他参加选举主要是为了反腐败，而这将威胁到许多企业和政客。

---

① 译注："穷人固穷，富人得富。"（The poor stay poor, the rich get rich.）出自伦纳德·科恩的歌曲《每个人都知道》（*Everybody knows*）。

反腐败，或者我们在华盛顿称之为"抽干沼泽"，如今正在成为一种政治策略。然而，处理腐败和利用腐败作为打击对手的手段之间有很大区别。但毫无疑问的是，打击腐败的手段基本上是被用来削弱左翼，而不是用来对付右翼。这是当今世界各地正在发生的事情。

博索纳罗说，军队保证了（某种程度上的）安全。博索纳罗认为军队可以为民众提供安全保障，并且遏制失控的犯罪活动，特别是在毒品交易和帮派占主导地位的城市贫民窟。博索纳罗建议在有必要的情况下让军队来解决这些问题。他还对菲律宾总统杜特尔特（Duterte）表示钦佩。博索纳罗就是这样的人，就像我们在美国已经习惯了的特朗普总统那样的作风。这为博索纳罗赢得了"热带地区的特朗普"的绰号。这也许就是博尔索纳罗最终当选的政治背景。

所以问题在于，为什么所有的金融家和巴西股市都会团结一起，站在他身后说"这很好。这就是我们想要的和需要的"？事实证明，博索纳罗有一个叫保罗·格德斯（Paulo Guedes）的金融顾问，他是在芝加哥接受过教育的经济学家。请注意这个词——芝加哥！1973年智利发生政变后，正是芝加哥为皮诺切特将军提供了芝加哥经济学派及其理论。在这次政变中，社会主义总统萨尔瓦多·阿连德被赶下台，智利的经济在芝加哥经济理论的基础上被重建。新自由主义通过皮诺切特的政变在拉丁美洲爆发，而芝加哥经济学派正是在这一次的新自由主义第一波浪潮中变得非常重要。大约40年后，我们又在这里看到了一位芝加哥经济学家，他说他赞成私有化，赞成财政紧缩和预算平衡，这些都是以牺牲对穷人的社会福利计划为代价的，尤其是牺牲了工人党制订的一个大计划——"家庭补助"（Bolsa Familia）计划。该计划是对低收入人口的补贴，只要低收入者把孩子送去学校，他们就能领到这笔钱。这为巴西的下层阶级提供了相当大的购买力。而格德斯赞成的是养老金改革。他认为巴西的国家养老金系统过于慷慨，需要加以遏制。他还赞成将所有的国有资产私有化。简而言之，他支持经典的新自由主义计划。这就是股票市场所欢迎的。他们并不关心博索纳罗个人，他们关心的是格德斯将要成为财政部长，以及他将实施的新自由主义政策。当格德斯就任财政部长时，他宣布将追随皮诺切特在智利的脚步。

令人不安的是，新自由主义经济学和右翼民粹主义之间似乎正在形成一种联盟。我们可以把几个例子放在一起比较以佐证这个说法。比如说，2013年以来，在德国出现反移民、排外和民族主义的右翼政党。它在2013年的时候几乎不值一提，但现在已经发展成为联邦议院的第三大党。当该党成员被问及所支持的经济计划时，他们只说"秩序自由主义"，也就是新自由主义的德国版本。这个版本并不完全依赖于自由市场意识形态，而是由国家引导的自由市场。实际上，国家引导的自由市场一直以来都是欧洲版新自由主义的核心，也是德国版新自由主义的核心。当然了，在实践中大多数拥护新自由主义意识形态的国家都依赖于大量的国家支持。总之，右翼民族主义的德国另类选择党（Alternative Für Deutschland）宣布其经济政策是德国版的新自由主义。

我们在这里用关于德国的显而易见的例子来代表极右翼民粹主义政治运动。这一运动信奉所谓的新法西斯主义，在德国甚至用上了纳粹的宣传，并且倡导新自由主义。看上去，这些另类民粹主义右翼运动与新自由主义计划之间似乎正在形成联盟。这就是美国现在正在发生的事情吗？

特朗普明显在身体力行一个极右翼的替代方案。正如我们在夏洛茨维尔①看到的那样，他并没有排斥白人至上主义和新纳粹的影响，也并不否认史蒂夫·班农（Steve Bannon）的另类右翼政治。他在多大程度上也致力于延续新自由主义？这可能是一种不可靠的关系，但仍然是新自由主义和新法西斯主义在某种意义上的一种联系。

如果我的想法是正确的，那么新自由主义一直是一个为上层阶级和资本家阶级服务的计划。它主要是一个维持上层阶级财

---

① 译注：夏洛茨维尔（Charlottesville），美国弗吉尼亚州中部城市。2017年8月12日，该地的一场白人种族主义集会演变为暴力冲突，造成多人死伤。

富和权力的计划，并且在可能的范围内使他们的财富和权力增加。如果新自由主义的整个历史就是有关于此，那么它已经成功了——富人毫无疑问地变得更富裕，而穷人的财富累积则要么停滞不前，要么陷入失败。从这个角度来说，新自由主义计划的成功是不可否认的，因为无论在何处推行新自由主义政策，社会不平等都在加剧。这是我们真正需要研究的历史。

现在我们很难明确地定义阶级结构，特别是当我们考虑工人阶级这个概念的时候，因为我们有太多的临时工作和服务性工作。至少在美国本土的工厂不多，大部分工厂建在了中国及其他国家和地区。在发达的资本主义国家，工人阶级已经在各种形式上被打破和分裂了。

但是对资本家阶级的定义是没有问题的。我们知道他们是谁，他们的目的是什么。我们拿科赫兄弟为例。科赫兄弟继承了他们的阶级地位和他们的工业帝国——科氏工业。科氏工业是一家很大的化学和材料私人公司，也是美国最大的公司之一。据说，我们现在使用的东西几乎都包含了科赫兄弟的产品。

所以他们在各行各业都有非常广泛和显著的利益考量。他们的公司创造巨大的利润，科赫兄弟自己也非常富有。那么科赫兄弟遵循什么样的政治呢？他们在某些方面是典型的新自由主义者。他们相信自由市场和自由贸易。他们的想法接近于新自由主义的自由论者一方。他们希望国家在财政方面保持公正，他们不希望国家进行干预。他们不喜欢国家监管之类的东西，但他们也有一些进步的立场——这是他们的本色。他们支持适当的移民，支持监狱改革，认为关税不是一个好主意。他们因为特朗普与中国的冲突而对他加以批判。

其中的两项，即移民和监狱改革，与放松管制和开放劳动力市场有很大关系，资本家阶级在其中自然有很多的利益考量。科赫兄弟希望能拥有自由、开放的劳动力市场，而许多刑满释放人员面临各种限制，因此无法重新进入劳动力市场，这意味着劳动力市场中存在不灵活的状况。科赫兄弟对此并不满意，因此他们在自由市场和自由贸易方面有一些看似进步的立场。在早期阶段，科赫兄弟帮助创建了茶党，他们为了自己的利益非常支持并资助了共和党。科赫兄弟之一①曾公开表示，过去五年对科氏工业和他们的特殊利益集团来说是最好的五年。

这里有意思的是，他们说的"过去五年"，追溯到了特朗普当选之前、奥巴马总统任期的尾声。当时共和党控制了国会，并且能够阻止政府方面几乎任何形式的监管干预。他们还能阻止任何形式的预算扩张。在当时，不提高债务限额、平衡预算、减税等问题成为政治博弈中突出的问题。还有许多类似的事情阻止

---

① 译注：科赫兄弟之一，指大卫·科赫（David Koch），他在2019年8月去世。

政府引入更多法规（例如围绕环境保护的法案等）。对科赫兄弟来说，这绝对是好事。奥巴马唯一能做的就是通过总统的行政命令立法，这遭到共和党控制的国会的严厉抨击，他们声称奥巴马的行为超越了总统的权力，例如，他禁止在联邦土地上采矿。奥巴马发布了一系列关于移民、采矿、环境等方面的监管令，这些都令科赫兄弟不满。但通过总统行政命令确立的法案可以同样通过总统行政命令来推翻。所以特朗普上台后，他做的第一件事就是推翻几乎所有奥巴马签署的总统行政命令。这对科赫兄弟来说是好事。例如，人们不能再谈论气候变化，环境保护局甚至被禁止提及这个话题；减少对联邦土地上的采矿的监管控制；在北极地区和近海钻探；通过行政命令逐步取消几乎所有的金融监管机构。当然，关于移民的总统行政命令也开始发挥作用。

对科赫兄弟来说，除了他们非常感兴趣的两个国内问题——移民和监狱改革，过去五年的政治动向对他们来说是非常有利的。他们也对特朗普的关税政策感到不满，而这些政策无论如何都不在新自由主义的剧本中。但总的来说，科赫兄弟在特朗普担任总统以及共和党控制国会的阶段获利颇丰。他们有一个非常大的、已经活跃了一段时间的政治行动委员会。他们为共和党竞选活动投入了1亿美元，以维持对国会两院的控制；但他们也支持一些保守的民主党人，以帮助对抗民主党内部的某些左翼派系。

科赫兄弟是新自由主义计划的坚定支持者。他们不支持那些强烈反对移民改革的共和党候选人，也对特朗普政府推动的贸易战持否定态度。从他们的自由主义政治和普遍的商业利益角度来说，贸易战和对移民的控制都不是一个好主意。它们干扰了商品和服务的自由流动，也干扰了劳动力的自由流通。支持特朗普推动关税的，既有民主党人，也有共和党人。墨西哥和加拿大之间的关税问题现已在多党支持下得到解决。有很多声音说，从美国的角度看，特朗普的关税政策非常成功，但实际上，它并没有那么成功，也没有那么伟大。还有很多关于新的预期贸易协定的讨论。美国已经和韩国达成了一项新的关税协议，现在正在逐步和欧洲达成一项新的协议，我们很可能会看到这个协议的完成。但是美国不会和一个地方达成强有力的、有约束力的关税协议，那就是中国。很明显，特朗普试图对中国采取制衡与牵制手段。在某种程度上来说，这对某些企业和民主党来说是可以接受的，但是美国的许多企业和农民也不喜欢中国的进口关税。

可能是出于选举的考虑，特朗普政府最终在关税问题上退缩了。但特朗普政府大力推动的一个领域是税收改革。2017年的税改是对企业的巨大馈赠。例如，科氏工业就在其中获得巨大利益，而且不仅是工业，与这个行业相关的有钱人也从中受益。这又是特朗普的政策和资本家阶级利益明显重叠的领域之一。让我们来看这幅画面：科赫兄弟想要税收改革和税收优惠，他们得偿所愿；他们希望放松对一切的监管，于是他们得到了从环境保护到金融的监管放松；他们几乎得到了所有他们想要的东西。一模一样的政治情形也发生在巴西。你也可以在波兰、匈牙利以及在莫迪领导下的印度发现同样的状况。极右翼在支持新自由主义计划、社会财富日益集中的方面目标一致，他们甚至不约而同地支持加大对反对派运动的镇压力度。

这样的结果就是科赫兄弟和他们的同类们分分钟变得更加富有。他们随后会利用其中的一部分财富来资助大型慈善事业，这就是有钱人证明他们财富正当性的方法。当你置身纽约市的自然历史博物馆的恐龙馆里时，你就是置身科赫兄弟捐赠的大厅中。当孩子们看到恐龙时，他们同时可以看到它们是由科赫兄弟赞助的。这对科赫兄弟来说是很好的公关手段，因为他们支持这样的慈善事业，是好公民。你还可以前往林肯中心，在科赫礼堂观看芭蕾舞。

富人玩这种巨大的慈善游戏，以培养公众的支持和公众意识，发展公共文化和某些思维以及认知方式。

我一直用科赫兄弟作为象征资本家阶级的例子。我认为在这个时代定义资本家阶级及其含义并不困难，只需要看看科赫兄弟。但你也可以看看迈克尔·彭博，事情在这里变得有趣了起来。资本家阶级可以是不同性质的，他们可能都支持自由市场、自由贸易、不受监管的自由、私有化、财政公正等方面，他们从这些角度来说是同质化的，但是他们也有自己特殊的关注点。

比如，科赫兄弟讨厌环境监管。他们拒绝并禁止关于气候变化的讨论。他们对唐纳德·特朗普在这方面的言论非常满意，特朗普还让一个右翼的无名小卒来负责环境保护局（EPA）的工作。这个人讨厌环境保护，并试图将环境保护局变成一潭死水。自罗纳德·里根以来，右翼组织的策略一直是将环境保护局变成一个无法运作的组织——废除它过于麻烦，但是使它变得毫无作用则非常容易。另一边，迈克尔·彭博认为气候变化是一个严肃的问题。因此，据说迈克尔·彭博在2018年的选举中投入了大约1亿美元，用以支持那些民主党候选人，他们赞成用环境监管和政策的手段来减轻碳排放量。

当我在谈论新自由主义和资本家阶级的时候，我不是在谈论一个完全同质的资本家阶级。资本家阶级之间存在着差异。彭博支持环境监管，但不支持金融监管。科赫兄弟不赞成任何一种形式的监管。彭博不赞成将联邦政府的很大一部分资金用于保障低收入人群的需求，科赫兄弟在这一点上也同意他的观点。彭博与科赫兄弟和其他许多人在气候变化和枪支管制方面存在分歧，但在支持资本主义的基本原则上他们是一致的。

少数超级富豪和公司实际上在操纵着美国的政治。看起来我们在美国只有一个政党，我们称之为华尔街党。这个政党有两翼，一翼是由科赫兄弟及其同伙资助和控制的，这是共和党的部分。另一翼是由迈克尔·彭博、汤姆·斯泰尔（Tom Steyer）、乔治·索罗斯（George Soros）和其他同类人资助的，这是民主党的那一部分。两翼都依赖资本家阶级的资助。他们都广泛支持新自由主义项目，但在具体的政策上面存在分歧，尤其是在气候变化和管理方面。两翼都支持高等教育，但各自有不同的教育理念。其中的一派在学校推荐精英教育，支持新自由主义教育、企业家教育、培养企业家精神等；而另一派支持培养社会责任感和自力更生的能力。另外，这两翼都支持社会和文化项目，但同样地他们关注的是不同的类型。他们都在有限的范围内支持多元文化。他们都支持对女性权利和同性恋权利提供一定范围内的社会关注，但是这些关注不能太过火。

有一种经济力量的格局（configuration）正在干预政治，但这种格局现在正陷入极右种族-民族主义政治，甚至是新纳粹政治的泥潭中。商界在持续地为右翼的政策提供政治支持。但是如果公司不能再像20世纪80年代和90年代那样通过传统的新自由主义手段，或通过支持21世纪的头10年出现的威权政治来实现这一目标，那么他们就可能随时准备好支持新法西斯主义政治。我在这里使用"法西斯"这个词是有据可循的。我想要提醒你们，佛朗哥、希特勒和墨索里尼都与大公司有一定的关系，并且长期与大公司有密切的合作，同时发展他们独特的品牌：民族社会主义。

我并不是说新自由主义向新法西斯主义的转变是不可避免的，但是我认为有一些预警信号表明，新自由主义计划正处于危险之中，正在失去其合法性。而那些在大财团中追求新自由主义计划的人，正在寻找既受欢迎，又可以获得支持的方式。拥有统治权的全球寡头集团是非常集中的，而且规模非常小。例如，牛津饥荒救济委员会的上一份关于财富分配的报告称，最富有的8个人控制着世界上50%的最贫困人口拥有的财富总量。20年前，是340个人拥有如此数量的财富和权力。在某种程度上，新自由主义计划在追求资本家阶级财富和权力的日益集中方面过于"成功"。

我们现在面临的最大问题是：这种财富集中如何被证明是合理、合法的，以及这种财富集中的方式为何留存至今？我们真的要容忍新自由主义经济和新法西斯主义政治形式之间的这种假定的联盟吗？这种联盟开始以令人头疼的方式在世界各地出现。我们目睹这一现象，并意识到这是一个显而易见的危险的局面。像迈克尔·彭博的民主党，这样的自由主义建制派是没有足够的力量来抵制这种政治演变的。我们将需要一场大规模的反对运动来抵制这种"新自由主义的新法西斯联盟"占据主导地位。但这要求每个人都知道我们面临的问题的深层本质，以及应对这些问题的一系列合理的答案。

第六章

# 社会主义与自由

最近我在秘鲁做演讲的时候，有人提到了自由这个话题，那里的学生们对这个问题很感兴趣。"社会主义是否意味着需要放弃个人自由？"在美国和其他地方的右翼已经设法将自由的概念等同于他们自己，并且在阶级斗争中将它作为武器来对付那些所谓的"不自由的"社会主义者。他们说，我们要不惜一切代价避免在社会主义或共产主义的强迫下，个体对国家控制的服从。我认为，我们不应该放弃个体自由的想法，因为它也是社会主义解放运动的一部分。实际上，我们可以考虑把它放在运动的中心而不是边缘位置。我认为，实现个体自由是社会主义解放运动的一个核心目标。但为了达到这一目标，我们需要集体建设一个社会，在这个社会中我们每个人都有足够的生活机会和可能性，来发掘我们每个人的潜力。

马克思在这个问题上讲过几句有趣的话。比如，"在这个必然王国的彼岸……真正的自由王国，就开始了"①。如果你没有足够的食物，无法获得足够的医疗保健、住房、交通、教育等事物的时候，自由就毫无意义。社会主义的作用是提供这些必需品，满足这些基本的人类需求，这样人们就可以自由地做他们想做的事情。社会主义转型的终点，以及建设共产主义社会的终

---

① 译注：［德］卡尔·马克思：《资本论》（第三卷），人民出版社2018年版，第929页。

点，应该是一个人们的能力和生产力完全从欲望、需求和其他政治和社会约束中解放出来的世界。我们不应该让右翼垄断个体自由的概念，我们应该让自由的概念重新回到社会主义本身。

但马克思也指出，自由是一把双刃剑。他从工人的角度看待这个问题，这很有意思。他认为劳动者在资本主义社会中拥有双重意义上的自由。①他们可以自由地向劳动力市场上的任何人提供自己的劳动力，他们在任何可协商的合同条件下自由地提供自己的劳动力。但他们同时也是不自由的，因为他们已经被"解放"（关系）了，不再对生产资料有任何控制或接触。因此，他们必须向资本家交出他们的劳动能力，以此来谋生。

这就构成了他们的双刃剑式的自由。对马克思来说，这是资本主义制度下自由的核心矛盾。在《资本论》关于工作日的章节中，他是这样说的，资本家可以随心所欲地对工人说："我想以最低的工资雇用你，让你工作尽可能多的时间，做我规定你做的工作。这就是我雇用你时对你的要求。"资本家完全有资本这样做，因为市场经济就是为这样那样的东西竞标的。另一方面，工人也可以自由地说："你没有权利让我一天工作14小时。你无权用我的劳动力做任何你喜欢做的事情，尤其是如果这样做会缩短

---

①　译注：参见［德］卡尔·马克思：《资本论》（第一卷），人民出版社2018年版，第197页。

我的寿命，并危害我的健康和幸福的话。我只愿意得一天公平的工资，做一天公平的工作。"

鉴于市场主导型社会的客观属性，资本家和工人所提出的要求都是没有问题的。因此马克思说，根据在市场上占主导地位的交换法则，他们都拥有平等的权利。他接着说，在平等权利之间，力量就起决定作用。①资本和劳动力之间的阶级斗争决定了问题所在。而最终的结局取决于资本和劳动力之间的权力关系，这种关系在某些时候会变成强制性的、充满暴力的。资本和劳动力之间的斗争实际上决定了工人一天必须工作多长时间，工资是多少，以及劳动条件是什么样的。根据交换规律，资本家可以自由地将对工人的剥削程度最大化，而工人可以自由地反抗。这两种自由之间的碰撞每天都在资本主义社会中上演。

这种将自由视为双刃剑的想法非常重要，我们需要更详细地对其进行研究。经济历史学家卡尔·波兰尼（Karl Polanyi）写过一篇文章，这篇文章是对这个话题最好的阐述之一。他还写过一本名为《大转型：我们时代的政治与经济起源》（*The Great Transformation: The Political and Economic Origins of Our Time*）②的

———————

① 译注：参见［德］卡尔·马克思：《资本论》（第一卷），人民出版社2018年版，第272页。

② 译注：中译本有，［英］卡尔·波兰尼：《大转型：我们时代的政治与经济起源》，冯钢、刘阳译，浙江人民出版社2007年版。

书。波兰尼不是一个马克思主义者，他可能读过一些马克思的书，但他并不认同马克思主义的观点。他显然对这个有关权利的问题和在资本主义制度下的自由问题进行了长时间的认真思考。在《大转型：我们时代的政治与经济起源》中，卡尔·波兰尼提到"好的自由形式"和"坏的自由形式"。他列举的坏的自由形式包括：无限制地剥削他人的自由；在不为社会提供相应服务的情况下获得无节制的收益的自由；阻止技术发明用于公共利益的自由；从公共灾难或自然灾害中获利的自由，其中的一些灾难是为了私人利益而秘密设计的［娜奥米·克莱恩在她的《休克主义：灾难资本主义的兴起》（*The Shock Doctrine: The Rise of Disaster Capitalism*）[①]一书中讨论了"灾难资本主义"这一概念］。但是，波兰尼继续说，这些自由蓬勃发展的市场经济也孕育了我们高度重视的自由：道德自由、言论自由、集会自由、结社自由、选择自己工作的自由。我们中的许多人现在仍然珍惜这些自由本身，其中包括我自己在内的很多马克思主义阵营的人。但在很大程度上，这些自由是经济体的副产品，而同样地，经济体也同时要为邪恶的自由负责。

　　当我们考虑到目前新自由主义思想的霸权，以及现有政治权

---

　　① 　译注：中译本有，［加拿大］娜奥米·克莱恩：《休克主义：灾难资本主义的兴起》，吴国卿、王柏鸿译，广西师范大学出版社2010年版。

力向我们展示自由的方式时，波兰尼对这种自由的二元性的回答读起来让人感到奇怪。他是这样写的："市场经济的逝去可以成为一个时代的开始，这个时代拥有前所未有的自由。"[1]这样的叙述让人非常震惊，因为他说真正的自由是在我们离开市场经济后开始的。他继续写道：

> 法律的和实际的自由能以比过去任何时候都更广泛、更普遍的方式存在；规制和控制不只是使少数人，而是使所有人获得自由。自由不是作为从源头上就腐败了的特权的附属物，而是作为一种远远超出了政治领域狭隘界限伸展至社会自身内部组织的规范性权利而存在。这样，老的自由和民事权利被添加上了新自由的基础，这种新的自由是由工业社会向所有人提供的闲暇和保障所产生的。这样一个社会能够同时承担起公平和自由。[2]

这种基于正义和自由、自主的社会理念，在我看来正是20世纪60年代学生运动和所谓的"1968一代"的政治议程。在当时，人们普遍要求正义和自由：不受国家胁迫的自由、不受公司资本

---

① 译注：中译本有，〔英〕卡尔·波兰尼：《大转型：我们时代的政治与经济起源》，冯钢、刘阳译，浙江人民出版社2007年版，第217页。
② 同上。

强加的胁迫的自由、不受市场胁迫的自由，但这些对自由的需求也因对社会正义的诉求而有所缓和。正是在这种情况下，我写了我的第一本激进的书《社会正义与城市》（*Social Justice and the City*）[①]。20世纪70年代，资本主义对这些运动在政治上的反应非常的有趣。它需要解决这些需求，于是说："在给予一些警告的前提下，我们可以在自由方面让步。但是你们需要忘记正义。"对自由的让步是有限度的。这意味着在大多数情况下，市场上有选择的自由。自由市场和不受国家管制的自由是对诉求的回应，但是忘掉正义吧。据说自由市场竞争的组织方式可以保证每个人都能得到他们应得的回报，自由市场竞争会提供正义。然而，这样做的结果是以良性自由的名义释放了许多邪恶的自由（比如对他人的剥削）。

波兰尼清楚地认识到了这种转向。他观察到，他所设想的通往未来的道路上有一个道德障碍，而这个道德障碍就是他称之为"自由乌托邦主义"的东西。我认为我们仍然面临着这种自由乌托邦主义所带来的问题。这是一种在媒体和政治话语中无处不在的意识形态，比如说，民主党的自由乌托邦主义就是阻碍我们实现真正自由的东西之一。波兰尼写道："计划和控制被攻击为对自由的否定，自由企业和私人所有权被宣称为是自由不可缺少

---

① 译注：中译本有，［英］戴维·哈维：《社会主义与城市》，叶超、张林、张顺生译，商务印书馆2022年版。

的。"①这就是新自由主义的主要思想家所提出的观点——这是米尔顿·弗里德曼（Milton Friedman），也是哈耶克（Hayek）的坚持——他们都说，只有建立在自由和开放市场、享有私有产权和个人自由基础上的社会，才能确保个体自由不受国家支配。

> 计划和控制被攻击为对自由的否定。自由企业和私人所有权被宣称是自由所不可缺少的。据称，任何基于其他基础之上的社会都不能被称为是自由的。由规制所创造的自由被指责为不自由，它所提供的公正、自由和福利被贬斥为奴役的伪装。②

对我来说，这是我们这个时代所面临的关键问题之一。我们是否要超越由自由市场决定的有限自由，摆脱供求规律（也就是马克思所说的资本运动规律）对我们生活进行的控制？还是说我们要接受撒切尔夫人所说的"别无选择"的情况？ 我们摆脱了国家控制，成为市场的奴隶。对这件事情而言，我们没有别的选择，但除此之外我们将没有自由可言。这就是右翼所宣扬的，这也是许多人所相信的。

---

① 译注：［英］卡尔·波兰尼：《大转型：我们时代的政治与经济起源》，冯钢、刘阳译，浙江人民出版社2007年版，第217页。
② 同上。

这就是我们目前状况下所存在的悖论：我们以自由的名义采用了一种自由主义的乌托邦意识形态，但这实际上是实现真正自由的障碍。当有人想接受教育的时候，他必须为此支付巨额费用，而他为此所欠的学生贷款会一直持续跟着他——我不认为这是一个自由的世界。我们所说的当奴工偿债、债务奴役，是需要避免和加以限制的。我们应该有免费的教育，不应该对此收费；医疗保健和基础住房供应也应该如此。我们也应该免费获得基本的营养需求。

如果我们回顾几十年前的社会，会发现我们从20世纪60年代的有社会住房供应的世界，发展成了现在的没有社会住房供应的世界。例如在60年代的英国，住房中有很大一部分是在公共领域的社会住房。在我长大的过程中，这种社会住房是一种以合理的低价提供的基本必需品。然后撒切尔夫人将这些社会住房私有化，说："如果你拥有你的房产，你会更自由，你可以真正成为财产所有民主制的一部分。"因此，英国从60%的住房属于公共领域，变到了现在大约只剩下20%的社会住房，甚至有可能更少。住房成为一种商品，而商品则是投机活动的一部分。当住房成为一种投机工具以后，房产价格上涨了，导致住房成本不断上升，而房屋的直接供应却没有增加。

当我还是个孩子的时候，我在一个被称为"受人尊敬的工人阶级社区"长大，在那里我们有房屋的所有权。工人阶级中的大多数人没有房屋所有权，但有一部分工人阶级拥有住房，而我恰好在这样的社区长大。在那里，房子被视为是有使用价值的，也就是说它是我们居住和做事的地方——我们从未真正讨论过它的交换价值。我最近看到一些数据显示，直到20世纪60年代以前，工人阶级住房的价值在100多年或更长时间里都没有发生任何变化。

但在20世纪60年代，住房开始被视为拥有交换价值，而不只是使用价值。人们开始问："这房子值多少钱？我们能提高它的价值吗？如果可以，我们如何提高它的价值？"突然间，人们开始考虑交换价值了。然后，撒切尔夫人说："好吧，我们要把所有的社会住房私有化，这样每个人都可以参与到房地产市场里面来，并开始从不断上升的交换价值中受益。"住房中的交换价值开始变得重要起来。

这样做的后果之一是，那些处于社会最底层的低收入人群越来越难找到住处。在市中心容易获得工作和就业的机会，但他们已不能住在市中心。他们被赶出了市中心和优越的地段，不得不跑到越来越远的地方去工作。到了20世纪90年代的时候，房子成了投机性收益的工具。在投机的压力下，房屋价值往往急剧增加（虽然这种价格上涨也是不稳定的）。许多处于人口中最低收入水平的人因此找不到地方居住，产生了许多无家可归者和可负担住房的危机。

我年轻的时候生活在社会主义①英国，周围有一些无家可归的人，但数量非常少。但是现在你会在伦敦或者类似的大城市里发现，街上的无家可归者越来越多。在纽约，有6万名无家可归者，很大一部分是年幼的孩子。你不一定会在街上看到他们，但他们会从一个亲戚或朋友家转移到另一个亲戚或朋友家，然后睡在沙发上——这就是所谓的"沙发冲浪"。这样是无法创建一个稳定的社区的。

现在世界各地的城市都在进行大规模的建设，但是这些都是投机性的。我们是在为人们的投机而建设城市，而不是为人们的生活而建设城市。如果我们为投资目的而不是为生活目的建造城市，就会出现纽约市的那种情况——在专注于高端市场的住房建设热潮中，出现了可负担住房的重大危机。你至少需要100万美元才能进入这个房地产市场。就住房的使用价值而言，大部分人都没能很好地享用这种价值，他们很少能对住房进行充分使用。与此同时，我们正在为超级富豪建造大型的、昂贵的公寓。纽约市前市长彭博有一个野心勃勃的计划，那就是世界上每个亿万富翁都会来公园大道之类的地方投资一套大公寓。这样的事情也实实在在地发生了。阿拉伯酋长和来自印度、俄罗斯等国的亿

---

① 译注：此处的"社会主义"指当时英国实行的福利国家政策，与中文语境中的"社会主义"含义不同。

万富翁来纽约买房，但他们并不住在纽约；他们每年可能来这里一两次。这些高档的住房并不能为广大人口的体面生活环境打下基础。

我们建造城市和住房的方式，在为上层阶级提供自由的同时，也给其他人口带来了不自由。我认为这对马克思的那句名言进行了诠释：为了实现自由王国，我们实际上必须克服必然王国。我们在纽约市所拥有的是投资的自由，是上层阶级选择居住地的自由，而广大民众则几乎没有任何选择。这就是市场自由限制可能性的方式。我认为从社会主义的角度来看，我们应该按照波兰尼的建议去做：把获得自由、获得住房的问题集体化。我们把它从简单的市场上的东西变成公共领域的东西，把"实现公共领域的住房"变成我们的口号。

这是当代体制下社会主义的基本思想之一：把东西放到公共领域。英国工党是为数不多的、对其所做的事情有强烈的民主紧迫感的传统政党之一。我从他们的观点中得到了一些鼓励。他们提议把公众生活中、很多领域里的东西从市场中拿回来，让它们回到公共领域。比如说交通，如果你对任何英国人说私有化的铁路会创造一个更有效的交通系统，所有英国人都会嘲笑你。他们非常清楚私有化的后果是什么。它是一场灾难、一个烂摊子，没有任何的协调能力。同样的事情也发生在了城市的公共交通中。我们还看到了供水的私有化，这本应该是一件好事。但是从另一方面来说，水当然是要收费的。这是一个生活的基本必需品，不应该通过市场来提供。现在你必须支付你的水费，而且供水的服务也不好。

因此，工党说："你看，这些领域都属于生活的基本必需品，不应该通过市场提供。我们将停止学生贷款，停止将教育私有化。我们将在公共领域提供基本的必需品。"我认为他们会冲动地说："让我们把这些基本必需品从市场中拿走，让我们以不同的方式提供它们。"我们可以将同样的做法付诸教育、医疗保健、住房、基本的食品供应。事实上，一些拉丁美洲国家正在进行实验，以减价的方式向低收入人群提供基本食品供应。我们没有理由不为大多数人提供基本的食物。

正所谓，当我们真正为每个人提供了能够过上体面、富裕的生活的所有基本必需品时，自由王国才有可能实现。而这正是社会主义社会所追求的自由理念。但我们需要以一种集体的方式、付诸集体的努力来做到这一点。不幸的是，英国工党在选举中惨败。但我坚信，工党的失败并不是因为它的这个改革性的计划（这个计划获得了很多的公众支持），而是因为工党在英国脱欧问题上未能采取果断措施，以及无法应对大众媒体对工党的各种所谓的失败的攻击。

最后我想说一点。人们常说，为了实现社会主义，我们必须放弃我们的个性，我们必须放弃一些东西。在某种程度上，这可能是真的。但是，正如波兰尼所坚持的那样，当我们越过了残酷的现实，跨过了个性化的自由市场以后，我们能实现更广阔的自由。我对马克思的解读是，我们的任务是最大限度地提高个人自由王国，但只有在我们先照顾到必然王国的方方面面时，这样的自由王国才能够实现。社会主义社会的任务不是对社会中的一切制定规则。恰恰相反，社会主义社会的任务是保障人们获得所有的生活基本必需品，向他们免费提供这些必需品，这样人们才可以真正做他们想做的事。

人们不仅可以获得资源做他们想做的事情，他们也有时间去做。自由——自由的时间、真正自由的时间——对于社会主义社会的理念来说绝对是至关重要的。每个人都有真正的自由时间来做他们喜欢的事情，这是衡量社会主义追求的标准。如果你现在问每个人："你有多少空闲时间？"典型的回答是："我几乎没有任何空闲时间。这件事、那件事，还有所有的其他事情占据了我所有的时间。"如果真正的自由是我们有空闲时间做任何我们想做的事情，那么社会主义解放计划会提议将这作为其政治使命的核心。这是我们可以为之努力，并且必须所有人一起努力实现的目标。

第七章

# 中国在世界经济中
# 的重要地位

2019年1月2日，在股市收盘后，苹果公司宣布他们无法完成预计的销售目标，尤其是在中国地区。苹果公司的股票应声而跌（下跌了6%），第二天又在损失惨重的股市里下跌了2.5%。有趣的是，正是苹果产品在中国的销售没有达到预期引发了股票的狂跌。苹果产品当然是在中国制造的，苹果公司在中国也有很大的市场。官方对这一问题的主要解释是，中国的消费市场由于一些原因正在变得疲软。他们引用的主要原因是特朗普对关税的攻击。但是后来的报道中以小字的形式提到了另一个原因，那就是中国消费市场的停滞。

但是如果我们仔细观察会发现，苹果的产品在中国的受欢迎程度正在下降，苹果（手机）在中国市场的份额已降至仅7%[①]。80%的市场被中国的公司所覆盖，这些公司包括华为、小米、OPPO、vivo。这些公司大部分在2010年的时候还籍籍无名。随后，中国的智能手机、电脑等产品的产量大幅增加，而这是由更低的成本和让中国用户们更容易使用的操作系统带来的。许多中国的城市在短短三年内从现金经济走向无现金经济，我自己也亲身经历过这种转变。而一部易于使用的、中国制造的智能手机就是这种转变所需要的工具，我甚至不能用现金来支付一杯咖啡。

---

① 译注：据国际数据公司（IDC）发布的数据，2020年第一季度，苹果手机在中国的市场份额为7.6%。

　　我之所以提到这一点，是因为很多人都低估了中国在全球经济中的参与度和重要性。许多对当下事件的描述中都没有充分体现出这一点。然而，正如苹果公司的案例所证明的那样，中国将对全球资本主义的总体发展产生决定性影响。事实上，中国已经对全球资本主义的发展产生了决定性的影响，特别是在2008年金融危机以后。中国经济的发展使资本和整个资本主义从金融危机导致的崩溃、萧条中解脱出来。我们还需要适应中国经济的庞大规模和转型速度，中国的主要城市在三年内从现金经济走向无现金经济就是一个例子。

　　让我们从中国经济的规模开始讨论。按照传统的国内生产总值衡量标准，中国现在是世界上第二大经济体。如果按照购买力平价衡量，即根据当地货币可以购买多少同样的东西来衡量，那么中国是世界上最大的经济体。如果中国经济蓬勃发展，那么世界其他地区也会蓬勃发展。如果中国经济陷入衰退，那么这将对资本的发展产生巨大的影响。

　　中国仍然坚持其马克思主义立场。从反资本主义的角度来看，这一点很重要。马克思（主义）、列宁（主义）、毛泽东（思想）、邓小平（理论）以及现在的习近平（新时代中国特色社会主义）思想是他们奋斗的中心（指导）思想。中国共产党在第十九次全国代表大会上宣布，计划到2050年实现全面社会主义经济①。这个全面的社会主义经济将以平等、民主、与自然和谐共处、美丽和卓越②的文化世界作为特点。而这些要通过中国共产党的领导来完成。宣言非常清楚地表明，党的继续主导是绝对关键的，中国共产党是建设中国特色社会主义的引路人。

对于我们这些对社会主义的未来感兴趣的人来说，我认为需要认真对待中国正在发生和计划的事情。我们需要牢记两个问题：第一，社会主义的未来在多大程度上取决于中国现阶段正在发生的事情？社会主义的未来会是什么样的？第二，全世界社会主义的未来会不会由中国未来可能发生的事情决定，即由中国经济转向中国特色社会主义经济的这种纲领性转变决定？

我认为对于任何一个左派来说，我们都应该关注这些问题。因为从某种意义上来说，我们生活在一个被马克思称为"竞争的强制规律"③的世界中，而这个法则对于定义我们在世界中的地位有非常重要的作用。我们与中国的竞争非常激烈，中国也在很大程度上与我们竞争。这种竞争不仅是在经济上的，也是在政治和文化上的。特朗普政府让我们意识到了这一点。我们需要以更

---

① 译注：全面社会主义经济，援引官方表述，应为"全面建成社会主义现代化强国"。

② 译注：平等、民主、与自然和谐共处、美丽和卓越，援引官方表述，应为"富强、民主、文明、和谐、美丽"。

③ ［德］卡尔·马克思：《资本论》（第一卷），人民出版社2018年版，第368页。

清晰的方式来看待中国。

我不是研究中国的专家。我希望能对中国更加了解，我也希望我能讲中文。我去过几次中国，并且读了很多有关的书。我试图关注中国发生的事情，尤其是在金融方面。但是我不得不说，对于我上文提出的问题，我还没有得到非常明确的答案。我没法对那里发生的所有事情做一个明确的分析。中国的社会显然是一个非常复杂的社会，但在我寻求关键问题的答案时，还是有一些事情让我印象深刻。

首先是发生在1978年的大转变。当时邓小平和一群年轻人聚在一起，看着当时的情况说，我们必须大幅提高经济生产力来改变现状。当时，中国经济停滞不前。1980年，世界银行估计中国有8.5亿人生活在贫困状态，而且情况没有改善的迹象。所以这是一件让我印象深刻的事。

另一件事是，当时中国周围的国家和地区发展得非常快，生活水平也提高得非常快，其中包括了日本、韩国。更重要的是，中国台湾地区的生活水平也大大地提高了，中国香港也是如此，还有新加坡。当时，中国的侨胞们离开大陆以后，在周围的国家和地区蓬勃发展，变得相当富有，而中国大陆本身的经济却停滞不前。

中国共产党的领导层认为撇开潜在的直接来自帝国主义的攻击不谈，这也是一个非常危险的局面。他们意识到了如马克思所说的，在（这个）必然王国的彼岸……真正的自由王国，就开始了。在真正开始说自己是发展中国家之前，中国需要弥补在人口的必需品方面存在的巨大缺口。正是在这种情况下，他们决定在经济中引入一个在将来变得至关重要的因素。他们让经济实体相互竞争，以提高生产力。这个机制的目的是将市场力量引入经济中。

当然在实际操作的过程中，他们也咨询了西方的经济学家。米尔顿·弗里德曼在1980年访问了中国。中国大学经济学的教学方式有了很大的改变，所以如果你现在去中国，你会发现许多经济学系的教授都是从麻省理工学院、斯坦福大学等高校获得博士学位的。中国的学者们对新古典主义经济学有充分了解，他们分析经济的方法开始转变，他们的经济政策也开始转变。在中国，马克思主义的政治经济学被认为是哲学的一个分支，而不是经济学的范畴。

中国的这种转变取得了惊人的成功。但如果你把任何其他从计划经济转向市场经济的国家拿出来进行比较，会发现它们都经历了一段长期，且往往对经济带来灾难性打击，这些国家到现在都还没有从中完全恢复，而中国却发展得非常迅速。据世界银行评估，到2014年，1980年时的8.5亿贫困人口已经降至4000万。中国计划到2022年在全国范围内实现零贫困。[①]不管你对这种变化是怎么想的，有一点毋庸置疑：中国人民的生活水平有了非常大的提升，他们获得商品和各种物品的机会也大大地增加了。这已经是一个惊人的成就。但中国的经济发展不仅做到了这一点，还发展了全新的生活方式。

中国的日常生活因快速的城市化而发生了翻天覆地的变化。进入20世纪90年代，中国的城市人口数量迅速增长，现在我们看到的城市化的速度大约是每年15%，人口从农村地区大量迁移到城市。20世纪90年代有人估计过，在此前的10—15年间，中国大约有3亿人从农村迁移到城市。相比之下，一个世纪以来，从爱尔兰到美国的总移民可能是3000万人。当我们开始将中国发生的事情与世界其他地方发生的事情进行比较时，中国的转型速度和转型规模是巨大的，这是人类历史上前所未见的。

让我们来想一想在最近的金融危机中，中国使全球资本主义免于彻底崩溃所采取的关键方法之一。在2007—2008年，我们遇到了金融危机。这场金融危机使美国的消费市场崩溃，这意味着那些为美国消费市场供货的公司和国家也被卷入了这场危机中。据称，2007—2008年，中国出口行业失去了约3000万个工作岗

---

①　译注：据人民网2021年2月26日报道，中国国家主席习近平在全国脱贫攻坚总结表彰大会上宣告，中国脱贫攻坚战取得了全面胜利。

位，与此同时许多公司破产了，在6个月内无法支付员工工资。

对中国来说，这是一个巨大的危机。2009年，国际货币基金组织（IMF）和国际劳工组织（ILO）进行了一项调查来研究这个问题：2007—2008年全球经济崩溃造成的净失业人数是多少。美国的净失业人数约为1400万人，但中国的净失业人数仅为300万。而且在接下来的一年半时间里，中国奇迹般地创造了2700万个工作岗位。这实在是太惊人了。当我第一次看到这个数据时，觉得这简直是闻所未闻。但是当我读了更多资料以后，我发现在21世纪的头10年，中国每年就已经创造了2000万个工作岗位。中国早就已经开始了巨大的就业转型期，而在金融危机的时候他们只是加倍努力来应对危机。

在2008年金融危机的时候，中国无法在出口行业创造就业机会，因为当时的出口行业是一潭死水，很多公司都濒临破产。因此，从20世纪90年代开始，中国开始加大了基础设施投资，特别是在建筑领域。我经常用一张中国水泥消费量的图表来说明这个问题。大量的水泥消耗意味着中国进行了大量的建设。2008年之后，中国的水泥消费量增加了两倍。在2009—2012年之间的两三年时间内，他们消费的水泥远远超过美国100年的消费量。我们都知道，美国消耗的水泥已经很多了，但是中国消耗水泥的速度更为惊人，因为他们在不停地建设。他们建设新的城市、新的道路和高速公路，他们还建成了一个高速铁路系统。在2008年前他们还完全没有高铁，到2014年高铁覆盖距离已经达到了15000英里<sup>①</sup>，现在他们大概拥有20000英里的高铁覆盖距离<sup>②</sup>。这些建设需要大量的材料，因此中国在基础设施投资方面蓬勃发展。

如果你对2008年之后发生的事情有印象的话，你会记得当时美国有一项提议："我们可以让一切恢复正常。我们有许多摇摇欲坠的桥梁，我们应该对基础设施进行投资。"因为政治原因，这个计划最终没能实施。共和党人特别指出了："我们需要财政紧缩，不能扩大预算，不能对基础设施进行投资。"于是，美国推行了财政紧缩政策，欧洲推行了财政紧缩政策，日本推行了财政紧缩政策。资本主义世界的其他地方都在说："2008年金融危机是一场债务危机，我们必须偿还债务，我们将如何做到这一点？通过财政紧缩。人们必须受苦才能偿还债务，使经济重回良好基础。"然后你看看这对希腊这样的国家意味着什么，就是这种政策带来的可怕后果。

而中国的做法恰恰相反。他们说："好吧，我们遇到了金融危机带来的问题，我们必须让无业者重返工作岗位。我们需要以很快的速度创造数百万个工作岗位。我们要建设，建设，再建

---

① 译注：据《人民日报》（海外版）2014年11月26日报道，中国高铁的总里程已达到14620公里。此处的15000英里应为误。

② 译注：据《人民日报》2021年12月31日报道，截至当年12月30日，中国高铁运营里程突破40000公里，稳居世界第一。

设。至于我们将如何支付这笔钱——我们以负债之类的方式来支付它。"中国人用他们自己的货币借款，而不是用外国货币，这使他们能够摆脱危机。现在他们理所应当地走出了危机。如果你疯狂地在建造，你会需要建筑材料。这样的结果就是，所有向中国供应诸如铁矿石等原材料的国家和经济体都很快地摆脱了当年金融危机的影响。例如，澳大利亚向中国提供了大量矿产资源。拉丁美洲也经历了金融危机，但是没有想象的那样严重。像智利这样的国家大量地向中国运送铜，而拉丁美洲的其他国家给中国提供了大豆和矿物。这就是我所说的中国在2008年金融危机的时候拯救全球经济的意思。

中国惊人的发展在当时是至关重要的，此后也一直如此。中国国内生产总值的增长实际上是2008年以来全球经济复苏的最重要因素。但正如我所指出的，首先，其中很多是通过债务融资的，并且超过了债务限额。其次，中国不仅使用债务融资，而且还不得不扩大其内部消费市场。他们不得不在中国经济中培养消费能力，这是一件在全球范围内都很重要的事情。因为外国资本不仅把中国作为一个生产低成本商品的地方，然后从中牟利，而且也希望把中国发展成一个庞大的消费市场，然后从中获利。

我在本章的一开始就提到了，中国市场对苹果公司非常重要，尽管现在苹果公司在中国的市场表现已经没有那么好了。还有其他美国公司在中国有大量的业务。例如，据说星巴克在中国开设的咖啡店比它在美国的咖啡店还要多。如果特朗普把美国同中国的关系搞得太僵，我能想象中国对星巴克施加限制，所以你可能会看到美国公司很难在中国做利润丰厚的生意。有一些汽车公司和中国官方的关系已经变得错综复杂，这可能是中国对特朗普的关税政策发起反击的方式之一。现在全球最大的汽车市场就是中国，而美国公司负担不起被排除在外的代价。

中国的内部市场正在增长，但它需要以某种方式增长。例如，要以中国人的速度建造住房，就必须有人购买这些住房（以支持现金流），或者有人投资这些住房。为了做到这一点，他们需要借钱。在2008年之前，中国很少有方便易得的抵押贷款融资渠道。但当这个庞大的建设项目开始的时候，中国政府不得不创造新的金融工具，以便人们能够获得资金购买住房。他们必须扩大金融部门，以便在向公司提供贷款建造住房和公寓的同时，也满足消费者购买住房和公寓的需求。这意味中国必须加强自己的金融机构来支持这整个借贷的过程。

1978年之前，中国基本上不存在（商业）银行。1978年后，银行业很快就出现在大众的视线中。特别是在1995年左右，银行开始在中国社会发挥更有力的作用。现在世界上最大的四家银行都是属于中国的。你想象一下，1978年中国事实上还不存在（商业）银行，而现在他们拥有世界上最大的四家银行，第五大银行是一家日本银行，第六大银行是摩根大通。在美国我们通常认为我们有世界上最大和最强的银行，但中国有四家银行，其规模远远超过我们能展示的任何东西。这些银行借钱给开发商，当然同时也借钱给消费者。中国经济正在以非常快的速度金融化。这是中国经济正在以前所未有的速度进行根本性转变的另一个关键原因。

中国人现在也认识到了，如果他们继续低工资、高劳动密集型的工业化生产形式，他们将无法建立一个充满活力的经济体系。中国计划通过资本密集型方式向生产高价值商品的经济体转型。这就是为什么中国突然出现了那么多新的计算机公司。很多中国的企业家、科学家和工程师都在美国接受过训练。他们中的许多人曾在苹果、谷歌以及微软等计算机公司工作过。中国内部有过一场有趣的辩论，讨论他们是否可以创造一个中国的硅谷，如果可以的话，需要怎么做。

西方人对中国最大的误解之一是每个人都认为它是一个高度集权的经济体。其实不然。它是一个令人难以置信的机器，集权和分权在其中协同工作。中央政府提出要求，由地方来实施。

中国人解决问题的方法是这样的：如果你遇到了问题，就会想方设法解决。当地的政府，包括市、区政府都会被邀请来帮助解决这个问题。如果一个地方解决了某一种问题，那么中央政府就会指示其他地方采用这种模式来解决相似的问题。

几位有硅谷工作经验的创业者向北京市政府提议，在市内打造高新技术创新园区，建设新型电子和高新技术企业的孵化器。地方政府可以轻松地腾出空间，因为所有土地都是国有的。北京在短短6个月内将城市中一个特定区域的人们迁出，并创建了一个名为"创业大街"的园区。他们创建了一个新的组织，以促进孵化器空间的开启，并提供所有必要的设施加以支持。他们还在这儿汇集了你可能需要的所有服务。那个时候北京正面临着租金过高的问题，所以政府以免租金的方式来邀请初创企业加入。想象一下，如果这种事情发生在纽约或是伦敦会怎么样。

这一举措非常成功。这个地方变成了一个极具竞争力的创业园区，其特点是他们所谓的"模仿文化"。这是一个高动态的环境。在北京这个特定的园区里，公司开始开发各种新的通信系统和新的结构，并应用它们。你会在很短的时间内经历创新、传播、实施等不同阶段。

这创造了一个和硅谷等同的地方，而这一切都在大概三年内完成。但这个创业园区的理念和文化与硅谷截然不同。李开复在他的《AI·未来》一书中这样形容：

> 硅谷创业者被封为全美最卖力的工作者。年轻、热情的创业者召集了一群同样疯狂的有志之士，加夜班赶制出产品，然后不断地进行修正、迭代，同时关注下一波重要趋势的来临。我在硅谷和中国科技圈都待过几年的时间，曾经任

职苹果、微软、谷歌等公司，后来回到中国，致力于培育、投资中国的创新公司。硅谷创业者确实在非常卖力地工作，但我可以负责任地说，和太平洋彼岸的中国创业者比起来，硅谷创业者可以说是十分懒散的。

　　中国成功的互联网创业者，几乎都是从世界上最残酷的竞争中脱颖而出的，在他们的世界里，速度是创业者必备的特质，模仿与借鉴是可以接受的做法，竞争者为了赢得新市场的份额会想尽各种办法。在中国创业圈，每天都是血与火的试炼，就像古罗马竞技场上的斗士，不是你死就是我亡，竞争者之间毫不留情。①

　　这些新的中国公司就是在这样的世界里诞生的，他们在2010、2011年之前根本不存在，然后突然间席卷而来，几乎在一夜之间占据了中国手机市场的40%。这就是中国的创业园区构建出来的世界。这种现象也解释了一些事情。李开复接着谈到了这个在当时被创造的、可替代的电子世界，逐渐变成了一种评判标准，其他地方都在向它看齐。我有时会去南京。在南京的第二年，我去当地的规划办公室看了一个大型展览，是关于在南京创建"硅谷文化"的。当中央政府看到在北京的企业家们的成功以

---

　　① 译注：李开复：《AI·未来》，浙江人民出版社2018年版，第27页。

后，转向中国的所有其他城市说："你们也要这样做。"言下之意是中国将进入高科技、人工智能和其他高附加价值产业的时代。而这种转变正在中国上演。

这种情况在我开始讲的苹果公司的故事中也有所体现。中国在这一领域的竞争在短时间内变得十分激烈，而中国的公司又可以以极快的速度发展得很好，这让美国感觉受到了严重的威胁。例如，中国最近受瞩目的大公司是华为。在美国的授意下，华为的一位首席执行官①因该公司被美指控与伊朗进行贸易而在加拿大被捕。美国一直以安全为由猛烈地抨击华为。但显然，逮捕首席执行官的真实原因是华为拥有大量的创新技术。

第五代通信系统（5G）可以处理大数据，现在正处于安装阶段。华为在开发5G网络技术方面一直在全球遥遥领先，其他公司在技术上无法与其竞争。美国认为，我们不应该投资这项技术，因为它能够让中国政府监听每个人的谈话。美国声称这样的网络是不安全的，无法保证这个网络在实际工作中不被中国政府利用。这就是美国政府提出的观点，而基于这样的观点，他们开始禁止使用华为的5G技术。在美国的施压下，有些国家开始效仿禁用华为的做法，比如澳大利亚和新西兰。美国还试图说服欧洲，但是还没有成功。英国最近已经接受了对华为技术的有限应用。

---

① 译注：首席执行官，应为首席财务官。

世界上大多数其他国家都在使用华为的技术，因为它的质量更好，价格更便宜。

我想在这里再次强调一下，我们需要注意到中国这种变化的速度。在2008年的时候，我们还在将中国这个国家和经济体视为一个以廉价劳动力为基础的世界工厂。在我写这本书的时候它仍然是一个非常重要的成本低廉的世界工厂。但自2008年以来，中国突然大举进军高科技领域，并在大约8年的时间里将自己定位为高科技产业的主要竞争者。现在世界上十大高科技公司中有四家是中国的。在2008年的时候情况还不是这样的，这就是中国的发展模式。它非常快，非常迅速，有政府的支持，有规模优势。

现在，我认为在这一点上我们必须问一个问题：这是不是未来？在历史上，不同地域的发展通常是通过不平衡的区位优势发展起步的。一个地区发展起来，然后掌握了霸权的地位。如果我在20世纪80年代做这样的演讲，我会谈论日本或者西德，这些都是当时主要的经济体。每个人都必须做日本人正在做的事情，也因此每个人都开始谈论"零库存制"的生产系统，以及所有相关的东西。到了20世纪90年代的时候，日本陷入了危机，东德和西德也实现了统一。谁是20世纪90年代的头号人物？好吧，我们有华盛顿共识，它代表着美国在克林顿时代作为一个互联网繁荣的增长型经济体出现。美国重新确立了其作为世界头号经济体的地位。美国的知识分子宣布"历史的终结"[1]，并说："所有人都必须像我们一样，因为我们已经得到了答案，我们知道了资本主义到底应该怎么样，还有不应该怎么样。"然后我们迎来了2001年的经济崩溃，接着是房地产泡沫和随之而来的2008年金融危机。到了那个时候，在竞争激烈且不稳定的环境中，谁是佼佼者，以及每个人应该复制谁，都变成了有趣的全球性问题。有中国的圈子、北美的圈子和欧洲的圈子，日本手足无措地处于其中。

所以现在中国正在成为世界强国，如果它真的成为世界强国，中国就是人工智能大放异彩的地方，因为中国人已经决定，人工智能就是未来。那么，人工智能是关于什么的？它是在找到一种方法，将劳动力最大限度地从生产过程中移除。而这就是我认为最大的问题所在：在劳动力身上会发生什么？

---

[1]　译注：指弗朗西斯·福山（Francis Fukuyama）及其名作《历史的终结与最后的人》（*The End of History and the Last Man*）。

第八章

# 资本主义的地缘政治

　　我想讨论一下有关资本的地理和地缘政治的话题，因为我自己有地理学的背景知识，我总是要以某种方式、在某个地方把一些地理的元素插入到我的分析中。为了从马克思主义的角度分析这个问题，我们首先需要认识到，马克思在《资本论》一开始就指出，资本主义生产方式是财富以商品形式衡量或"表现"的一种生产方式①。《资本论》这本书就是以这种商品的理论来开始的。商品经济和商品政治文化的兴起由来已久。以下是莎士比亚（马克思最喜欢的作家之一）在《约翰王》（*The Life and Death of King John*）②（第二幕，第一场）中对这种现象的阐释：

　　　　疯狂的世界！疯狂的国王！疯狂的和解！……那个专事出卖信义的掮客，那个把国王、乞丐、老人、青年玩弄于股掌之间的毁盟的能手，那个使可怜的姑娘们失去她们一身仅有的"处女"两字空衔的骗子，那个笑脸迎人的绅士，使人心痒骨酥的"利益"。"利益"，这颠倒乾坤的势力；这世界本来是安放得好好的，循着平稳的轨道平稳前进，都是

---

　　①　译注：马克思的原话为："资本主义生产方式占统治地位的社会的财富，表现为'庞大的商品堆积'，单个的商品表现为这种财富的元素形式。"参见〔德〕卡尔·马克思：《资本论》（第一卷），人民出版社2018年版，第47页。

　　②　译注：《约翰王》（*The Life and Death of King John*），原书写为*The History of King John*，应为作者笔误。

这"利益"，这引人作恶的势力，这动摇不定的"利益"使它脱离了不偏不颇的正道，迷失了它正当的方向、目的和途径；就是这颠倒乾坤的势力，这"利益"，这牵线的淫媒，这掮客，这变化无常的名词……为什么我要辱骂这"利益"呢？那只是因为它还没有垂青到我的身上。并不是当灿烂的金银引诱我的手掌的时候，我会有紧握拳头的力量；只是因为我的手还不曾受过引诱，所以才像一个穷苦的乞儿一般，向富人发出他的咒骂。好，当我是一个穷人的时候，我要信口谩骂，说只有富有是唯一的罪恶；要是有了钱，我就要说，只有贫穷才是最大的坏事。既然国王们也会因"利益"而背弃信义；"利益"，做我的君主吧，因为我要崇拜你！①

当莎士比亚写下这些文字的时候，商业形式的资本开始在英国及其他西欧国家占据主导地位，这是一个历史性的时刻。所有东西开始货币化，这是非常重要的。在此之前，人们主要通过对亲属和家族的忠诚来规划他们的想法和行动，很多交换都是以实物形式进行的。这种对家族的忠诚和对金钱激励的服从之间的差

---

① 译注：［英］威廉·莎士比亚：《莎士比亚全集》（第八卷），朱生豪译，作家出版社2016年版，第33–34页。

异，时常出现在莎士比亚的戏剧中。

即使在今天，这种差异仍然存在。我们拿电视剧《权力的游戏》举个例子。在这部现代的流行迷你剧中，对家族的忠诚与对金钱权力的追求一直是一个突出的主题。但是这里涉及不同的空间性。对家族的忠诚与领土有关，但金钱很容易跨越边界。一方面，是兰尼斯特家族（Lannisters）、史塔克家族（Starks）以及提利尔家族（Tyrells）之间的对峙，人们的忠诚是对一个家族、对一个人、对一个家庭。另一方面，这种忠诚不同于对黄金的追求，在《权力的游戏》中，对黄金的追求通过铁金库来表现。这些不同的家族位于特定的地点，因此人们通常按地域对它们进行定义。比如说史塔克家族在北方，兰尼斯特家族在南方。他们的忠诚度被嵌入到领土结构中。各个家族和派别之间的战争是在这些领土结构中进行的。

在莎士比亚时代，欧洲的战争是不连贯的、断断续续的，涉及各种不同的联盟。这可能会让人感到困惑，因为通常很难分辨谁在支持谁，以及为什么各派别会转换立场。对于整个欧洲而言，1648年的《威斯特伐利亚和约》给这种混乱局面带来了一些秩序。它结束了当时欧洲大陆长期的宗教战争、种族战争、宗族之间的战争、各种人之间的战争。这个和约确立了一个观念，那就是应该有一个叫做国家的东西、一个民族国家，而且国家要有主权。总体的思路是每个国家都应该尊重其他国家的主权、领土完整性以及国家的边界。在后来的历史中，欧洲并没有一直保持这样的状态，但这提供了一种非常重要的解决手段。它阐明并稳定了整个欧洲的权力领土结构，随之而来的还有政治和经济权力关系的兴起。自1648年以来，人们不断尝试在各个领土内，在民族国家的名义下创造某种权力结构，这种权力结构可以在内部自我维持，同时又能够将自己的影响力扩展到其领土周围的世界中。这种权力关系最初是围绕着军事力量建立的。它同时还依赖于优越的教育和优越的文化，尤其是对于精英阶级而言。它背后所代表的是对创建一个理想的国家所做的努力。国家机构与特定的阶级结构一起出现，对国内人口进行指挥和控制。这些制度结构成为资本家阶级权力崛起的条件和先决特征。

马克思在他的著作中没有过多讨论领土结构上的主权和权力的问题，尽管他经常表示他想要找个机会谈论它们。因此，在马克思主义研究里，如何将资本主义国家理论化是一个长期存在的话题，关于这个话题的讨论一直存在，而这些辩论也普遍没有结论。然而，马克思将注意力集中在另一个权力来源上：那就是对生产资料的控制和从事有利可图的商品生产的能力。最终，这能力将转化为支配资本流通和积累的权力。这种权力的最初衡量标准和其置身何处，在于它们对货币的控制，在历史上也就意味着对黄金的控制。正是通过这一视角，我们有了另一种理解世界上正在发生事情的方式。研究人员经常建议，当面临某种政治问题或难题时，要"跟着钱走"。当你跟着钱走的时候，你就会发现幕后之人真正的所作所为，以及权力在谁的手上。这就是资本主义的权力形式。

因此，存在两种权力关系。一种是依附于国家及其机构的领土关系，另一种是资本主义关系，后者主要通过令私人获利的行为，从资本的流通中获得无穷无尽的资本累积。在后一种情况下，你可以成为那8个据说控制了世界80％资源的亿万富翁之一，并以此获得巨大的权力。这种权力可以用来支配和控制其他人，特别是对劳动者和工人阶级。但在行使这种权力的同时，领土形式的权力也在运作。作为资本家的亿万富翁如何与领土国家权力相关联往往是一个问题，而且领土国家权力也在烦恼如何处理与资本家的关系。更强大的资本家及其派系经常试图将国家变成他们自己利益的代理人。但国家权力比这更复杂，因为国家必须回应不同公民群体的愿望和需求，而亿万富翁们可能不受这些人的欢迎。最大的问题是，谁能在国家内部合法地使用权力。关于如何在国家机器内行使货币权力也存在着长期的争论。问题是，如何最好地理解这两种权力之间的关系。这两种权力之间的关系不是相互分离的，它们不断地相互影响。例如，富人阶层会建立国际机构来监管货币，但监管的方式是以确认或改变权力的领土关系来进行的，以此使领土上的精英比世界性的资本家阶级获得更多的优势。

　　例如，国际货币基金组织在规范全球货币交换方面起着重要的作用。巴塞尔的国际清算银行等其他机构也有着类似的职能。我们还有世界银行，许多这样的机构在资本积累的道路上拥有很大的权力。还有许多覆盖全球的私立机构，比如在美国社会中，最有权力的机构之一就是麦肯锡。这些国际咨询、会计和律师事务所不仅对法律和金融问题有巨大的影响力，它们也提供很多公共政策的分析。任何有着领土权力的人如果遇到问题，通常都会致电麦肯锡或其他大型的咨询公司。

　　这些公司通常都会提供新自由主义的行动方案，而且在政策实施方面，这些公司似乎都有着共识。我经常和一些同事幻想创建一个左翼版本的麦肯锡，然后当真正的左翼政治支持者上台以后，他们就能有一个从社会主义角度给他们提供政策方案的咨询机构。比如，如何应对经济适用房的紧缺，还有如何应对环境恶化。

　　我们需要仔细观察权力的领土结构和权力的资本主义逻辑之间的关系。对于权力的资本主义逻辑而言，马克思认为资本是处在过程中的价值①。这种权力关系全部都是有关于运动的，一切都取决于运动。比如，货币的流动、商品的流通、生产的行动、

---

　　①　译注：马克思的原话为："资本作为它的循环中的统一体，作为处在过程中的价值……"参见［德］卡尔·马克思：《资本论》（第二卷），人民出版社2018年版，第150页。

劳动和资源等生产要素的交换等。货币形式的权力不是静态的，而是不断地在运动。一个国家很难做到防止、控制甚至遏制这种永恒的运动。相对而言，国家权力形式是静态的，受到空间限制，因此永远会受到资本运动的挑战。

　　当密特朗（Mitterrand）在1981年成为法国总统时，他决定要利用国家权力来实施一个社会主义计划。他将银行国有化，并试图重新调整经济以占领国家内部的市场。为此，他需要控制资本的流动和潜在的资本逃离。作为对密特朗这个计划的反应，资本以尽可能快的速度离开了这个国家——它们不希望在一个由社会主义控制的世界里运作。对此，法国的反应是实施资本控制，这意味着控制和限制在国外使用信用卡。在20世纪80年代，信用卡还没有像现在这样普及。但在法国有一种叫蓝卡（Carte Bleue）的东西非常流行，它实际上就是一种Visa信用卡。人们在度假的时候会用这种蓝卡。密特朗不得不控制蓝卡的使用。法国人民对此感到非常的愤怒。在几个月内，密特朗意识到了他无法控制资本外逃的情况。他的支持率几乎下降到零，迫使他不得不改变政策的方向。在那以后，他推翻了银行国有化的政策，并在此后成为一个优秀的新自由主义总统（就像海峡对岸的撒切尔夫人那样）。资本流动的力量约束了国家机器的能力。当时，资本的力量已经成为一种全能的力量，控制着全球经济中发生的一切。它显然有能力约束这个世界上所有的领土权力。在新自由主义时期，国家越来越多地被动员起来，成为货币和资本家阶级力量的代理人。债券持有人为了自己的利益控制着国家的权力。

在比尔·克林顿当选总统的1992年，有一个很精彩的片段可以作为例子。这可能是一个天马行空的故事。当时比尔·克林顿刚刚当选总统，开始勾勒他的经济计划。克林顿的经济顾问中最有名的要数罗伯特·鲁宾（Robert Rubin），他来自顶尖的投资银行——高盛。罗伯特·鲁宾看着克林顿说："你不能执行这个经济计划。"克林顿问："为什么不能？"鲁宾说："华尔街不会让你这样做。"传说，克林顿是这么说的："我的整个经济计划，以及我是否能够连任，都要取决于一群该死的华尔街债券交易员？"而鲁宾的回答显然是："是的。"克林顿上任时承诺普及医疗保健和各种美好的事物，但他最后给了我们什么？他给了我们北美自由贸易协定。他改革了我们的福利制度，加强了其中惩罚的性质。他对刑事司法系统进行了改革，这推进了大规模的监禁。他给了我们世贸组织，在他的任期结束时，他废除了《格拉斯–斯蒂格尔法案》，这是监管投资银行的最后一道防火墙。换句话说，他实施了高盛公司长期以来一直想要的完整的经济计划。克林顿时期往后，美国的财政部长就大多来自高盛了。这是一个重要的迹象，表明了债券持有人决定了在国家权力领域内可以做什么。

如果你在美国这么说，大家马上会指责你这是阴谋论。没有人会相信你。但如果你去希腊，问问那里的人，到底是政府还是债券持有人对国家的事务有控制权，你会得到一个截然不同的答案。如果你继续问："2011年后，是谁强迫你接受所有这些紧缩政策的？谁对这里有绝对的控制权？"答案当然是债券持有人和激进左翼联盟（Syriza）控制下的社会主义政府。这个政府在关键时刻向金融利益屈服，实施债券持有人所要求的措施。类似的博弈还发生在欧洲各地。在现在（2019年）的意大利，存在着一场博弈，债券持有人通过欧洲机构提出一个要求，却与意大利的国家权力机构（之类的机构）所想要的东西完全不同。

希腊最开始欠的是欧洲银行的债，欠得最多的是德国和法国银行的债，他们在2000年左右就开始毫无节制地放贷。如果希腊在2011年宣布违约，那将意味着法国和德国的银行厄运临头。德国和法国政府将不得不救助这些银行，以弥补希腊违约造成的损失。但欧洲大国对希腊强烈施压，要求其不要违约，并对希腊再三承诺欧盟会提供帮助。但这并没有发生。这些负债从私人银行转移到了所谓的三驾马车上——欧洲中央银行、欧洲金融稳定基金和国际货币基金组织。因此，私人银行并没有破产，国际机构承担了这些债务并坚持付款。三驾马车强制执行了紧缩方案：希腊必须将国有资产私有化，出售所有公共物品、资产和土地（甚至有人建议将帕特农神庙私有化）。国家不得不削减养老金和各种形式的社会支出，关闭医院、学校等，人们不得不学会在几乎没有社会支持或社会服务的情况下生活。希腊陷入了这样的境地中。如果你问希腊人："谁在控制你们的国家，是你的政府还是债券持有人？"你会得到一个非常明确的答案。事实证明，现在世界各地的情况大多如此。

在全球的范围内，资本的积累取决于在不同的领土范围内，政府对资本积累未来前景的应对方式。那么我们看到了什么呢？在美国，最近的案例是富士康。富士康说如果能够获得足够有吸引力的补贴方案，就会去威斯康星州开设工厂。亚马逊同样对纽约市说，我们正在考虑在你们的城市建立办公室，所以你们必须为我们提供所有的帮助，以及提供我们需要的所有资金。大公司们一次又一次地放话说，我们可以去所有的地方开设办公室，你们中谁能给我们提供最多的利益？事实上，亚马逊宣布它要对新园区的选址进行招标，这引发了不同的城市和州政府之间的竞争。纽约市给亚马逊提供了丰厚的条件，但是纽约市的市民对此进行抗议，因此亚马逊只得选择其他的地方。最终，有一部分的亚马逊园区设立在了纽约市，但是在另一个社区。富士康与威斯康星州进行了谈判，政府决定给富士康40亿美元的补贴，让它来威斯康星设立工厂。富士康是一家很有意思的公司，富士康的大部分业务是在中国大陆制造苹果电子产品，但富士康是中国台湾地区的公司。作为一家在中国大陆有主要业务的公司，现在来到了威斯康星州设立工厂，前提条件是威斯康星州给予它足够多的补贴（主要是以放弃未来税收的形式）。我们通过计算得出的结果是，州政府给该工厂创造的每一个就业机会提供了超过20万美元的补贴。在双方达成协议以后，富士康又转过头来说："哦，顺便说一下，我们实际上并不打算在那里生产任何东西。我们只是要建立一个研究园区。"威斯康星州政府对此无能为力。近年来，领土性实体和公司之间的权力关系中，更有利的一方是公司。

但这并没有使领土变得无关紧要。在1980年，许多研究人员就已经得出了类似的结论，他们甚至说国家现在已经不重要了。所有的权力都在别处。随着权力向大公司的转移，以及地理上的流动越来越容易，在追求利润最大化的过程中，微小的地理差异变得比以前更加重要。大公司寻找着优越的地理位置，比较着在这个地方建办公室比在那个地方建要好在哪里。地区之间细微的税收优势也可能变成决定性的因素。这意味着地方政府，甚至整个国家都会在税收安排方面做文章，以此来为私人公司提供最大的优势（爱尔兰就很擅长于此）。这就使城市间、区域间以及国家间产生了激烈的竞争，来试图吸引外国投资。这是国家权力在现阶段的一个大目标。而这样一来的结果是国家权力成为私人资本的附庸。所以权力要么在债券持有人手上，要么就是被大型垄断企业掌握着控制权。

在20世纪五六十年代，先进的资本主义国家中的情况并不是这样的。因为在那个时候，国家相对于资本而言更加偏向于社会民主，而且也更加强大。国家的部分使命是保证广大人民的福利。虽然这种社会民主制度并不总是奏效，而且确实有许多问题，比如家长式的作风。此外，在20世纪六七十年代，存在强大的资本管制，所以你不能像现在这样轻松地在世界各地转移资金。我记得我第一次从英国去欧洲大陆的时候，不得不向银行申请旅行支票。他们只允许我携带40英镑的旅行支票，并且在我的护照后面盖上了这个数额的印章。直到第二年，我才能再使用新的40英镑。这种事情在今天看来是不可思议的，但在我小的时候就是这样。在英国，每个人都生活在资本管制之下。这种控制与1944年的布雷顿森林协议是一致的，该协议是有关国际货币体系如何运作的。布雷顿森林体系中的国际资本控制在20世纪60年代末崩溃，并在70年代被抛弃。此后，我们开始在世界经济中获得更多的流动货币资本。

　　这就让我们不得不讨论资本的地理流动问题。资本在其流动过程中会有三种主要的形式。第一是作为货币，第二是作为商品，第三是作为生产活动。这些形式的资本中，哪一种最容易流动？事实证明，是货币。我认为货币是资本变成的蝴蝶，它在世界范围内飞来飞去，无论何时何地，只要看到诱人的花朵，它就会落在那上面。然后它又重新起飞，飞向别的地方。商品是资本的毛毛虫形式。它爬行的速度相当慢，而且往往是笨重的，难以移动（例如钢棒与钻石）。资本的第三种形式，即生产活动，是流动性最小的。在特定的历史时期，哪种形式会占主导地位，我认为搞清楚这个回答是至关重要的。部分答案取决于资本需要多大的流动性。

乔万尼·阿瑞吉（Giovanni Arrighi）的一个观点和这个问题相关。他说，资本达到了一个阶段，它的生产形式扩张会变得非常困难，商品的形式也会变得疲弱。当这种情况发生时，很可能会有一个推动力来建立一个更具流动性的金融体系。他记录了历史上这种周期性的转换。威尼斯人和热那亚人都曾经在商品贸易商和生产商之外，成为金融家。作为金融家，他们在货币使用的地域流动性和灵活性上得到极大的提升。这种金融化在权力和资本从意大利城邦向北进入荷兰的过程中发挥了重要作用。这构成了世界贸易体系中的第二霸权。商人和金融资本集中在荷兰和荷兰的权力中，阿姆斯特丹、安特卫普和其他强大的商业城市（如乌得勒支和布鲁日）都是强大的资本积累中心。

但是这个体系达到了极限，由此产生了另一个金融化阶段。在17世纪末和18世纪末，资本的积聚和集中又一次转移到了英国。这就是产生工业革命的资本。英国在国内进行工业化、在海外进行殖民统治和帝国占领，由此在世界体系中建立了一种不同的霸权。这种金融化最终由英国向美国转移，美国在1945年后成为资本主义体系中无与伦比的霸权中心。阿瑞吉说，有迹象表明美国的生产能力在20世纪80年代开始达到极限。大约从那时开始，我们就看到了美国强势地向金融化转变。而现在最大的问题是，金融究竟要去往何方？它去了生产能力最容易被开发的地方，而现在这个地方正是中国。

每一次霸权的转移都会带来巨大规模的变化，从意大利城邦到低地国家①，再到英国，最终到美国。如果要取代美国的霸权地位也需要有大规模的转变，而这样做的影响几乎是不可想象的。阿瑞吉认为，亚洲现在可能会崛起为一个集团性霸权地区。就人口而言，中国、印度和印度尼西亚加在一起肯定符合条件，但很难看出它们中的任何一员愿意与其他国家合作，而我们也不知道如果它们最终达成了合作，对生产、消费、社会福利和自然环境又会有什么样的影响。

在这种情况下，金融化的资本主义对于落在哪一朵花上，也就是说在哪些地方进行金融投资并且发展资本主义的选择是易变的。这就是我们现在所处的情况。我要在此重申，这是资本的货币形式。在我们的时代，它主要是将资本主义结构以及经济和政治权力重新领土化。

在前文，我重点讨论了不同形式的资本的地理流动性，以及通过国家机构和政府组织的权力的领土关系，与公司在从事商品

---

① 译注：低地国家，指荷兰、比利时、卢森堡等国家。

生产和金融业务时资本的地理流动的对比。我现在想从一个不同的角度来解决这个问题，我要称之为"空间修复"（spatial fix）的想法（或理论）。

资本在发展，而随着这种发展，它也在扩张。因此，资本在地理上的意义，是指资本在一定空间里和空间外的无限扩张。在特定领土内，这种扩张的可能性最终会受到资源、人口、可用基础设施等条件的限制。在该领土内，到了某个时间点，资本的扩张总会达到极限。在世界上的某些地方，过剩的资本开始堆积，通常还伴随着劳动力过剩。这些过剩的资本需要一个用武之地。那么，他们能去哪里呢？一个答案是开发殖民地，另一个答案是将资本（在某些情况下也包括劳动力）输出到世界上其他一些尚未发展资本主义制度的地方。这就是我所说的"空间修复"，它是针对资本过度积累现象交出的答卷，是资本逐利的必然产物。

马克思对这种空间修复的运作方式有一个有趣的描述：拥有剩余资本的地区把钱借给世界上其他一些地方[1]，这些地方用这些钱从资本剩余的地区购买商品。目的地国可以用它购买的商品来满足本国人口的愿望和需求（即通过消费主义），或者在本国建立有利于资本主义进一步发展的基础设施和业务。

例如，英国在1850年左右就出现了严重的资本过剩问题。

---

① 译注：其他一些地方，即下文的"目的地国"。

他们的内部市场已经饱和，在英国境内使用资本来获得盈利的机会很少。于是，英国开始用各种模式来输出资本。英国玩的一个经典的游戏是这样的：它借钱给阿根廷修建铁路，但所有的铁路设备都来自英国。因此，英国给阿根廷的贷款资金用于清理英国钢铁和铁路设备生产的过剩产能，产能过剩的问题得到了解决。与此同时，阿根廷修建了横跨潘帕斯草原的铁路，以尽可能便宜的价格将小麦运往港口；然后，廉价小麦被卖到英国。这些在英国出售的廉价小麦降低了面包的成本，这意味着工厂主可以削减工资、增加利润，因为劳动力的再生产成本更低了。通过这种方式，世界上某一地区过剩的资本被用在其他地方扩张资本主义制度，同时此举通过降低基本消费品的成本提高了原产国的利润。

在19世纪，有过剩资本的区域很少，而且彼此之间相距甚远。他们主要位于英国和西欧的其他一些地区。大量过剩的资本流向美国。这种资本过剩有可能会导致两种情况：它既可以由国家权力控制，也可以通过市场体系开放和流动。在这里，19世纪的英国与世界其他地区的关系对我们有启发意义。英国需要扩大其市场，他们将印度并入了大英帝国，摧毁了印度乡村纺织业，用从英国纺织厂进口的产品取代了印度的工业产品。印度被组织成英国工业的一个垄断市场。同时，印度必须以某种方式支付进口纺织品的费用。它是怎么做到的呢？为了能够支付英国纺织品的费用，印度必须出口一些东西。印度确实会出口茶叶和黄麻之类的东西，但所获收入还不够支付英国纺织品的费用。于是英国"说服"印度生产鸦片，并运往中国。中国的鸦片市场是通过军事或者说是海上战争（即"鸦片战争"）被迫打开的。中国不得不用白银来支付鸦片。白银首先流向印度，然后再从印度流向英国，用于购买纺织品。罗莎·卢森堡（Rosa Luxemburg）在她关于英帝国主义的著作《资本积累论》（*The Accumulation of Capital*）[①]中简单地概括了这一点。在这种情况下，解决英国纺织业生产能力过剩问题的空间修复方案是：摧毁印度服装业，将印度市场转变为英国产品的专属出口市场，然后创造其他形式的生产和商品交易，如鸦片贸易，从而带来足够的白银来支付纺织品的费用。

但这种空间修复还需要其他东西。而这个"其他东西"需要由足够的物质基础设施来生产。在这方面，马克思对印度也发表了一些非常有趣的看法。有一种方法可以统一印度的市场，并且能够让外国更容易统治这个市场，那就是对交通和通信进行投资。英国在印度修建铁路。如果你现在去印度，会在孟买市中心看到一个精致的维多利亚火车站，那就是英国殖民活动的标志。要将剩余的生产能力输出到世界其他地方来建设基础设施，那就

---

① 译注：中译本有，［德］罗莎·卢森堡：《资本积累论》，董文琪译，商务印书馆2021年版。

需要这些地方用一定的方式支付这些费用。外国资本可以贷款给这些国家来建设基础设施，通过使用这些基础设施，外国资本将获得一定的回报率。如果这些基础设施提高了印度的生产力，或者提高了印度在市场上的生产和销售能力，那么每个人都会受益。在这里，我们再次看到空间修复的作用。英国处理其生产资本过剩趋势的根本手段是将印度用作原材料以及获取货币财富的来源，同时又将印度作为一个市场。

　　但还有另一种通过资本输出进行空间修复的形式，这在美国得到了最明显的体现。英国的剩余资本来到美国，是因为当时欧洲的种族大屠杀使得美国成为一块可开放的土地。但在美国，这块土地并不是简单地用来创造市场。这片土地上确实有一些持续性的创造市场的活动，但它也被美国的企业家用来创造一个替代性的资本积累中心。这片土地被投资用于生产活动，而不是用来满足消费主义。英国的资本在这里发挥了非常重要的作用，它不仅资助了这个替代性市场的建立，也在美国境内创建了一个全新的资本积累中心。随着资本在美国的飞速发展，美国、英国和欧洲大陆对机械和其他生产资料的需求都在增加。而这就给全球市场带来了大量的需求，其中一些需求将通过英国为美国市场扩大其生产来满足。但这个过程的作用是在资本主义商品生产领域形成一个区域性的竞争对手。美国在某种程度上发展了自己的资本积累形式，这必然会与英国和欧洲的生产形成竞争。美国与英国竞争并最终击败了英国，在全球资本主义中夺得了霸权地位。因此从某种意义上来说，英国在资助最终打败了自己的对手方面扮演了重要角色。这也是空间修复的一种形式。

　　空间修复在危机的形成中也起着至关重要的作用，因为它也包含了长期的、时间上的以及空间上的位移。以美国铁路投资为例，这是一种长期的投资形式，你不能在6个月内得到投资回报。想要获得回报需要等待很长一段时间，因为从长远来看，美国经济的生产力将会增加，这将需要10年、15年、20年的时间。因此，这是一项长期的投资。而长期投资意味着我们有必要建立某种信贷系统，使你能够在长期的时间范围内拥有调动货币的力量。这就需要使用马克思所说的"虚拟资本"（一种对尚不存在的事物的可转让和可销售的货币债券权利）来最终建立新的基础设施。然后，这些基础设施成为另一种积累形式和资本流通的另一种动态形式的基础。这种系统的历史也很有意思。自1945年以来，特别是自1970年左右以来，这种空间修复在全球经济中一直在以越来越快的速度进行。人们利用来自美国和世界其他地区的过剩资本，在其他开放的土地上面创造替代性的生产系统。这些替代性生产系统的主要目的并不是创造新的市场。

　　我认为（这一观点是有争议的），就19世纪的英国而言，对印度企业的投资不如对美国企业的投资那么有利可图，因为印度的殖民统治压制了资本主义固有的活力（即企业家们的"动物精神"），转而构建了一个消极的消费市场。英国人的目的是防止在印度发展一个资本主义生产体系，成为自己的竞争对手，他们想把印度作为一个市场留在自己的口袋里。但这阻碍了资本的活力，它最终遏制了市场的增长和持续扩张。因此从长远的角度来看，用印度市场来解决过剩资本的方案对英国的企业而言越来越无利可图。而对于美国的市场，英国是没有控制力的，它无法控制美国市场的活力，这种活力一方面会通过美国市场来不断扩充可使用的空间修复范围，另一方面，它将引领美国最终在争夺霸权的地缘政治斗争中战胜英国。

1945年后，全球经济出现了一个真正的问题。人们担心重回20世纪30年代的大萧条，但这一次与战争经济相关的生产能力大幅增加，许多军事人员返回家园。而美国的政策制定者明白了一件重要的事情——美国将从去殖民化中受益。殖民地应该脱离英国、法国或荷兰的控制，不应该被帝国强权控制为专属市场。美国没有那么多的专属市场，因此为了自己的利益，它要求并命令开放这些殖民地市场。美国认为它可以像英国和法国一样轻松地占领这些市场，但要通过一个全球自由贸易体系。

去殖民化，以及向整个世界开放其他待发展的地区，都有助于让这些地方吸收美国的过剩资本。这就是马歇尔计划的精妙之处。但是，马歇尔计划并不仅仅只是试图把欧洲用作美国剩余商品的一个方便的汇合点，它也是为了在全世界范围内重建资本和资本积累的场所，以便大幅扩大世界市场。过剩资本在某种程度上向日本和欧洲转移，从而带动了日本经济的振兴和欧洲经济的复兴。从1945年到1970年左右的这段时期里，全球经济惊人地增长，其中很大一部分原因是在日本和西欧建立了这些替代性资本增长和积累中心。到了20世纪80年代，这些替代性的地区开始在世界舞台上超越美国。美国突然发现自己帮忙创造了竞争对手。如果我在20世纪80年代发表这个演讲，我会说日本和西德是全球资本主义的霸主。他们是真正领先的国家。美国一直在鼓励这一点，因为这有利于美国，特别是在当时与苏联的冷战的同时，中国正在酝酿自身经济发展。但随后，美国面临着如何面对西德和日本的爆炸性增长的问题。美国的解决方案是建立基于规则的世界秩序，在那里我们都可以竞争，我们都可以从对彼此开放的贸易中受益。美国将全球化和开放市场的自由贸易视为解决方案。他们还相信，在这个基于规则的体系下，他们可以在资本主义霸权的争夺中获胜（部分原因是这个体系的构建有利于美国的资本）。

这就是新自由主义的自由贸易秩序，它系统性地减少关税壁垒，建立一个全球金融体系，促进资本和商品轻松地从世界的一个地方流动到另一个地方。运输和通信等新技术的创造起到了很大的作用。这里涉及了很多事情，但是其中一个后果是发展了多个替代性的资本积累中心。例如，日本在20世纪60年代发展非常强劲，于是在70年代末发现自己拥有大量剩余资本。那日本要用剩余资本来做什么呢？日本人通过资本输出来探索空间修复。他们还开始对美国的消费市场进行"殖民"。随之而来的是日本对美国经济的"入侵"：日本人买下了洛克菲勒中心；他们进入好莱坞，收购了哥伦比亚电影公司。于是，过剩资本正从日本流回美国。同时，日本的剩余资本也在世界其他地区扩张，甚至在拉丁美洲等许多新兴市场采取了小型帝国主义的姿态。此后不久，我们看到亚洲其他地区也发生了类似的事情。韩国的经济发展最初是在军事独裁下进行的，而非自由市场经济。美国鼓励韩国发展地缘政治的原因非常简单：遏制共产主义。苏联对美国构成了威胁。为了遏制共产主义的扩张，美国需要一个拥有繁荣的资本主义、亲资本主义的韩国。美国支持韩国经济的发展，促进技术转让，并向韩国企业提供进入美国市场的有利条件。于是到了20世纪70年代末，韩国也产生了剩余资本，这些剩余资本来自他们那些令人难以置信的生产设备。那么韩国做了什么呢？它开始寻求空间修复。韩国在美国建立汽车生产基地，并接管一些美国电子公司，同时"殖民"美国市场，并在其他新兴市场组织生产。70年代末左右，剩余资本从韩国涌出。突然间，在中美洲和非洲出现了由韩国人经营的分包公司。

　　不知不觉中，同样的事情也发生在了中国台湾地区。美国支持台湾地区，希望它的经济繁荣发展，以确保台湾地区留在美国的同盟中，而不是被吸收。因此，台湾地区的工业开始变得非常重要。在1982年左右，台湾地区出现了资本过剩的问题，并突然间向外输出资本。这些资本流向了哪里？它们流向了世界各地，但很多都流向了刚刚改革开放的中国大陆。富士康就是在这时进入中国大陆的，它现在已经是世界上最大的企业集团之一。韩国生产商也像日本生产商一样进入中国大陆，台湾地区的企业也大规模搬迁。这些国家和地区都开始将生产转移到中国大陆。当然还有1978年之后来自中国香港的资本。香港是一个非常有趣的例子。在内地改革开放之前，香港的纺织服装业已经击败并超越了去工业化的英国纺织业。曼彻斯特纺织服装厂无法与香港纺织产品竞争。香港资本想扩张，但香港缺乏劳动力、资源和市场。然后中国内地突然开放了。香港资本涌入内地，利用了在内地的大量廉价劳动力。20世纪七八十年代中国大陆工业化进程，伴随着来自中国香港、中国台湾地区和韩国、日本的资本。

中国创造了令人难以置信的生产性经济。而这个经济体做了什么？它开始打败竞争对手。而日本又走向了何方？日本的经济自1990年左右以来一直处于低迷状态。尽管台湾公司富士康在中国大陆拥有150万名员工，中国台湾地区的经济也一直处在挣扎状态。现在富士康在拉丁美洲和非洲拥有生产能力，它甚至要在威斯康星州开厂。这就是动态的空间修复。资本永远都在从一个地方转移到另一个地方。

哈尔福德·麦金德（Halford Mackinder）是牛津大学的地理学教授。我在该校任教7年（1987—1993），当时担任的也是由他冠名的"哈尔福德·麦金德地理学教授"一职。哈尔福德·麦金德是一个保守的右翼帝国主义者，他在20世纪上半叶进行创作。作为一位地缘政治思想家，麦金德有提出过以下表述。他说，谁控制了中欧的中心地带，谁就控制了世界岛（即欧亚非大陆），谁控制了世界岛，谁就控制了世界。美国也有其独特的地缘政治理论和历史。但对于美国而言，他们在这方面的缪斯是阿尔弗雷德·塞耶·马汉（Alfred Thayer Mahan），他在19世纪90年代写了关于海上力量在历史上的作用的作品。麦金德强调的是陆上力量，而马汉则是强调海上力量。20世纪20年代，哈尔福德·麦金德的影响力达到顶峰，此后他笔耕不辍，直到第二次世界大战。在20世纪20和30年代，出现了一个德国地缘政治思想流派：地缘政治学（Geopolitik）。该学派认为国家有点像有机体，因此，需要自由地获取足够的资源（如石油）作为食物，并确定自己的生存空间。德国地缘政治家豪斯霍夫（Haushofer）提出了"生存空间"（Lebensraum）的理论，这对纳粹走向统治世界之路的意识形态绝对是至关重要的。20世纪30年代，德国意识到了获得生存空间和控制世界岛的必要性，于是纳粹向东欧（如罗马尼亚的油田）扩张。正如麦金德所定义的那样，争夺世界统治权的斗争集中在对中欧中心地带的控制上。对中心地带的控制造就了通往统治世界之路。因此，纳粹德国入侵了捷克斯洛伐克，然后是波兰。

　　资本必然会永远保持3%的复合增长率，这也是全球资本和资本积累的复合增长率。我们开始看到的是，这些滚动的空间修复，从美国到日本，从日本到中国，从中国到中亚和非洲——这是资本复合增长逻辑的地缘政治表现。我们必须非常小心地看待地理上的问题，因为这些问题在20世纪引发两次世界大战。两次战争都涉及地缘政治竞争。我并不是说一定会有一场世界大战或类似的事情发生，我只是说，我们需要非常仔细地分析地缘政治竞争和理论的作用。忽视它们是愚蠢的，尤其在思考当今世界局势，特别是中东问题时。当为过度积累的资本寻找空间解决方案与地缘政治竞争融合在一起时，就有可能重现20世纪30年代发生的情况。这时候就应该退后一步，并且非常小心，不要一头栽进全球战争的漩涡中。空间修复的地缘政治学必须成为认真研究的重点。

第九章

# 增长综合征

　　我第一次教马克思的《资本论》是在1970年。在那以后的很多年，我每年都会教这门课。经过长时间的休息，在2019年我又重新开始了《资本论》第一卷的现场教学。重新阅读马克思的文本总是很有趣的。1970年的情况与2019年的情况大不相同，比如我对《机器和大工业》那章的看法就有了改变。马克思认为，多年来资本一直在努力开发适合自身性质的技术。这种以工厂为系统的技术，与基于劳动技能和原始组织形式的封建技术有很大不同，后者是从1650年至18世纪末工业革命前的时期，带有"工场手工业"时期的特征。

　　当我在1970年讲授这些时，我们讲工场手工业时期的那一章①只是为了满足我们了解历史的兴趣。真正重要的内容在下一章，有关于工厂制度。马克思为我们提供了一个极其出色的说明（即使相当冗长），包括了工厂制度是如何建立、如何传播以及会产生何种社会后果。工厂制度不仅仅只关于一台机器，它是一个由机器组成的系统，用机器生产机器；而在生产中如何使用、定位和滥用劳动力都对这个系统有巨大的影响。像蒸汽机这样的通用技术可以应用于各种不同的领域。马克思从工厂视察员的报告中挑选出的材料，为工业劳动形式中的革命属性和痛苦经历提

---

　　① 译注：参见［德］卡尔·马克思：《资本论》（第一卷），人民出版社2018年版，第390–426页。

供了活生生的证明。

但这一次教这门课的时候，我突然想到：现在美国很多年轻人可能对工厂不太了解。他们可能不认识真正的工厂工人，更不用说那些加入工会的工厂工人了。在20世纪70年代，大多数家庭都会接触工厂的劳动力，并对他们的世界有一些了解。

在美国，工厂制度在很大程度上已经消失了。但，是什么取代了它？这次教课真正让我感兴趣的，是在《分工和工场手工业》一章中所说的很多事情，实际上与当代的现实产生了共鸣。例如，不稳定的劳动、劳动规模和分工的不断变化。那些掌握技能的人试图垄断这些技能，为自己在劳动力中争取特权地位。资本与这种可垄断技能的人进行了一场争斗，并且不断尝试将劳动过程和工人重新无产阶级化，从而使他们不再拥有因为他们的垄断技能而享有的特权。在18世纪，特殊的工具赋予拥有者特权，而在我们的时代，是计算机算法和其他类似的信息技术给人们特权。

我觉得这很奇怪，马克思有时会陷入关于人类进化的目的论思考，他认为人类的进化是一个向前的渐进运动，正在不可阻挡地朝着共产主义的一些预设的未来展开。他似乎在暗示，工厂劳动最终将取代其他一切——至少在资本主义内部是这样，甚至之后也是如此。

所以当事情看起来好像在倒退时，就显得相当奇怪。我一直对马克思的目的论解读持保留态度。我的感觉是，他没有很深刻地研究这些理论，尽管这些理论经常会突然出现在他的文章中。即使在马克思的时代，也存在很多明显不是工厂类型的劳动过程，即使在工厂劳动最发达的时期和地方，这些劳动过程也仍然存在。工厂劳动注定要驱逐所有其他形式的劳动——这样的论点似乎永远是不完整的。我们以20世纪80年代的日本汽车工业为例。一方面，大公司会使用工厂劳动来组装汽车，但另一方面，汽车工业的很多零部件的供应是在许多小作坊中进行的，汽车公司雇佣了与制造系统有多种联系的熟练工人进行生产。

马克思提出工厂制度会驱逐所有其他形式的劳动，我一直在思考这一观点也许并不完全正确。我曾经对第二帝国时期巴黎的不断变化的劳动过程进行研究，这也证实了我的观点。大型工厂并没有接管生产活动，虽然我们看到了一些这样的现象，但我们更多地看到许多部门中根据工匠类型组织起来的特定和专业分工的激增。例如，大约在1850年，巴黎有一个重要的人造花产业，到1855年左右，这个产业已经开始专业化。在1850年，一个工场会制造人造玫瑰，另一个会制造人造雏菊，如此等等。到了19世纪60年代，你会发现有些工场专门生产花瓣，有些工场专门生产花茎，还有一些工场生产叶子，而在某个地方有人把它们组装到一起。在第二帝国时期的巴黎，你看到的不会是向工厂劳动的转变，而是看到工场的分工越来越细化。这些小型工场手工业正变得更加分散，而不是像工厂制度那样更加集中化。

我的结论是，工业形态一直在不断变化，资本总是在不同种类的劳动过程和不同的组织形式之间进行选择。资本会根据其所实行的特定的剥削方式来选择最恰当、最适合它的形式。在新自由主义时期，劳动分工细化的原因之一，是工厂的工人有相当好的组织和工会。资本阻碍工人组织的方法是采用分散的劳动过程，这样劳动过程没有那么容易被劳动者自己组织起来。

当我讲授《分工和工场手工业》和《机器和大工业》这两章时，所有这些想法都在我脑海中浮现。我想到了资本是如何从一种剥削结构转移到另一结构的。如果劳动力通过对某些技能的垄断变得像18世纪时那样非常强大，那么资本会试图打破这种权力。工厂制度贬低了劳动力的价值，并且削弱其技术能力。但到了1970年，恰好出现了相反的情况。大型工厂雇用的劳动力有了良好的组织，相对于资本来说，他们正在行使相当大的权力。所以资本能做的最好的事情，就是去建立另一个分散的劳动体系。在这个体系中，劳动力不能以同样的方式挑战资本。现在我们看到的工业活动是分散的，权力也被分化了，一部分就是基于这个原因。现在的工业活动伴随着横向和网络化的组织形式，而不是以前盛行的等级组织形式。我觉得非常有趣的是，这是资本所采取的主要措施。但事实证明，左派组织也采用了这样的措施。左派组织也变得更加分散、更加水平化了。和资本一样，左派组织也变得反等级制度，反对为应对福特主义①的劳动过程和工厂制度而产生的政治形式。

这非常有趣。当你批判性地阅读《资本论》时（你应该这样做），你会想到周围正在发生的事情，以及为什么这些事情在此时此地发生。你会提出问题，而这些问题在今天仍然是至关重要的，即使答案可能会不断改变。让我从马克思的文本中举一个看似很小的例子来说明这一点。

经济学家、政策制定者、政治家以及金融媒体经常引用增长率作为衡量经济健康和福利的关键指标。经济增长的速度确实经常被认定为一项至关重要的政策目标。但是，增长还有另一个重要的方面，而这个方面的重要性在很大程度上被忽视了——增长的量。它聚焦于有多少的绝对增长，以及我们将如何处理生产出来的这些东西。

有一天，我正在阅读我最喜欢的金融杂志——《金融时报》，它总结了一份英格兰银行写的关于量化宽松政策是否会导致贫富差距的报告。报告显示，在2006—2008年、2012—2014年期间，英国最底层的10%人口平均获得了约3000英镑的收入，而在此期间，最富有的10%人口平均获得了325000英镑。你可能

---

① 译注：福特主义一词最早起源于安东尼奥·葛兰西的理论，他用这个概念来描述美国的新工业。福特主义的主要特征有大规模生产、标准化产品、垂直的组织形式、刚性生产、生产者决定论和寡头垄断型的市场结构。

会立即从中推断出，量化宽松政策给富人带来的好处多于给穷人带来的好处。这是一个普遍的说法。就连当时的英国首相特雷莎·梅（Theresa May）也认同这一说法。然而，该报告否认了这一点。从增长比例上来说，报告中的低收入人口收到的3000英镑比高收入人口收到的325000英镑的增加比例更大。因此，量化宽松政策对穷人的好处多于对富人的好处。报告总结，问题在于人们不了解如何正确阅读经济信息。人们应该关注变化率而不是绝对数字。

我的观点是，对于最穷的人来说，6年内的3000英镑分摊下来每周还不到10英镑，这并没有大幅提高任何人的经济和政治权力。这是一个相当微不足道的数额，对他们的生活基本无关紧要。而对于最富裕的前10%的人来说，325000英镑是相当有意义的，尽管这个数额和他们已经拥有的财富来比也是微不足道的。但是，这对他们已有的以及他们可以用于政治、经济和其他目的以维持其权力的大量财富来说，是一个重大贡献。虽然变化率可能较低，但对前10%的人来说，这笔钱的绝对影响要更加显著。

即使比例低，但大基数会带来大回报。这样说吧：你会选择100美元有10%的回报率，还是1000万美元有5%的回报率？显然，后者的回报更大，这可能是产生更大的贫富差距的原因。在6年时间里，底层的10%的人可以让自己每周多喝三杯咖啡，而顶层的10%的人会有足够的钱在曼哈顿买一个单间公寓。上述报告的作者说我们需要正确地阅读数据，这并没有错。但我们需要批判地做这件事。该报告用衡量比率而不是计算总量的方法来掩盖贫富差距的加剧，这本来是不可接受的，但这种分析方法使得贫富差距的影响变得似乎可以让人接受了。

这个问题在某些情况下变得至关重要。以全球变暖问题为例。虽然我们对控制碳排放的增长速度很重视，而这件事情本身就是一个重要的政治议题。但是我们还有另外一组政治议题要讨论，那就是大气中已经存在的大量温室气体（二氧化碳、甲烷等）。在我看来，这是我们应该关注的紧迫的、严重的问题，专注于碳排放增长的速度并不能帮助解决这个问题。在有些情况下，温室气体的总存在量是更加重要的。

事实上，公共媒体很少讨论现有的资产及其后果，这是一个严重的问题。有趣的是，在马克思主义经济学家中，也存在着对增长率的迷信，而很少考虑总量的意义。这在马克思《资本论》第三卷中的关于利润率下降的著名讨论中得到了体现。利润率下降理论构建了许多马克思主义关于危机形成的思想。据说，在资本主义动态中存在着一种利润率下降的趋势。它产生于劳动过程中对节省的劳动力的创新应用，通过个别资本主义公司之间的竞争，来获得马克思所说的相对剩余价值。拥有先进技术的企业可以以低于社会平均成本的价格生产商品，同时以社会平均价格销售，这就产生了超额利润。对这种超额利润的竞争推动了技术创新。一旦我有了更好的技术，我就会获得额外的利润，而我的竞争对手会通过创新来做出回应，创造出更加好的技术来超越我。资本的部分活力是由这种对技术优势的竞争驱动的。同时，技术优势的竞争会不断地节约劳动力，提高劳动生产率。而一旦提高了劳动生产率，当然也就降低了所生产商品的价值。对相对剩余价值的竞争产生了一个阶级后果，那就是可以使用的价值和剩余价值减少了，其结果是利润率下降的趋势。

　　这个论点在《资本论》第三卷中有所阐述，我们大多数人使用的文本是恩格斯编辑的那版。虽然我们要承认恩格斯所做的工作很重要，但他的工作也必须基于马克思的设定。马克思把利润率下降的问题写在一个长的章节中，作为一个连续的讨论。他首先提出利润率下降的论点，他似乎对自己的观点很满意，因为他解决了一个让古典政治经济学家们感到困惑的问题。但随后他似乎在说，好吧，这是一个起点，令我们能够研究一些更普遍的问题。恩格斯把马克思的一个篇目分为三章。第一章叫"规律本身"，第二章叫"起反作用的各种原因"，第三章是"规律的内部矛盾的展开"。①恩格斯把规律作为核心，而其他的东西都需要在实践中根据规律进行修正。你读完了会觉得规律是根本，其

---

①　译注：分别对应中译本《资本论》（第三卷）的第十三章、十四章和十五章。

他东西都是次要的。

但是当你阅读马克思的笔记的时候，马克思讲的其实是另一种东西。而这个"另一种东西"是很吸引人的。越来越多的利润远不是一种反作用力，而是被他视为一种联合产品。马克思是这样说的：

> 尽管利润率不断下降，资本所使用的工人人数，即它所推动的劳动的绝对量，从而它所吸收的剩余劳动的绝对量，从而它所生产的剩余价值量，从而它所生产的利润的绝对量，仍然**能够**增加，并且不断增加。事情还不只是**能够**如此。在资本主义生产的基础上……事情也**必然**如此。[1]

这远不是一种反作用力。马克思说："同一些规律，使社会资本的绝对利润量日益增加，使它的利润率日益下降。"[2]

---

[1] 译注：［德］卡尔·马克思：《资本论》（第三卷），人民出版社2018年版，第242页。大卫·哈维此处所引用的是马克思《1864–1865年经济学手稿》英文版的内容，参见Karl Marx, *Marx's Economic Manuscript of 1864–1865*, ed. Fred Moseley, Chicago: Haymarket Books, 2017, p.327. 所引的这段手稿内容与《资本论》第三卷中的对应内容基本一致。此外，包括此处引文在内的该手稿内容将收录在《马克思恩格斯全集》中文第二版第39卷中。

[2] 译注：［德］卡尔·马克思：《资本论》（第三卷），人民出版社2018年版，第243–244页。

这使马克思提出了一个问题。他问道："这个二重性的规律，必然会以什么样的形式表现出来呢？"我们面临着一个"二重性的规律"，即利润率的下降和绝对利润量的增加产生于同一过程。"同样一些原因，"马克思说，"使……剩余价值从而利润绝对减少……又会引起社会资本［所生产和］所占有的［剩余劳动、］剩余价值从而利润的绝对量的增加。"①他说："这种情况必然会怎样表现出来呢？只能怎样表现出来呢？或者说，这个表面上的矛盾包含着哪些条件呢？"②这些是他提出的核心问题。

在这里存在着一个核心的矛盾。虽然利润率可能在下降，但利润总量在上升。这展示了资本主义生产方式性质的关键，而这是非常重要的。英国《金融时报》最近的一篇文章评论了2018年下半年中国经济增长率下降的影响，这让金融市场感到紧张。因为人们预期这会对全球市场造成严重的后果——中国的经济衰退可能会导致全球经济衰退，甚至可能引发萧条。而中国人主要关注劳动力的吸收，他们需要每年创造1000万个城市工作岗位，这与美国的300万个工作岗位相比是很多的。但与20世纪90年代的12%或更高的增长率相比，中国人可以轻松地在2018年以更低的

---

①②　译注：［德］卡尔·马克思：《资本论》（第三卷），人民出版社2018年版，第246页。"［　］"内容根据大卫·哈维所引手稿内容进行增补。

增长率创造1000万个工作岗位。在20世纪90年代，创造1000万个工作岗位是非常困难的，这几乎是不可能的事情。但在2018年以6%的增长率实现这一目标很容易，因为中国有足够大的基数，它可以在较低的增长率的基础上创造所需的工作岗位。因此，中国人根本没有被较低的增长率所困扰，他们不需要刺激增长率来实现他们的政策目标——创造1000万个新的城市就业机会。

经济规模越大，创造新工作岗位或新需求所需的增长率就越低。但政策制定者不是这样想的，也不是这样说的。"我们必须实现4%的增长，"特朗普上台时说，并吹嘘道，"我们很快就会实现4%的增长。"这并没有发生。在他担任总统期间，美国经济增长率很低，但问题是这是否真的重要。社会发展的许多必需品，只能以非常温和的增长率来供应。高增长率会带来另外的问题。例如，如果因为汽车工业的生产率翻了一番导致汽车产量翻倍，那么街道上的汽车数量将翻倍，消耗的汽油量也会翻倍，交通拥堵的可能性也随之翻倍。如果这种情况发生在全球范围内，这会对全球变暖和其他所有问题产生什么影响？换句话说，我们必须非常认真地对待量的问题。我们可以用积极的方式来看待它，比如在中国的例子里看到的量产可以吸收劳动力；或者以消极的方式来看待它，比如汽车的大规模量产会加剧全球变暖。汽车产业很庞大，所以即使增长率很低，仍然意味着大量新车上路，这会增加碳排放量，使得现有的温室气体排放问题越来越严重。

　　我的结论是，我们必须认真对待增长率和量之间的关系，这在文献中经常被忽视。当提到这个关系时，其重要性也往往被轻描淡写地带过。增长率很重要，而量只是附带的。当情况出现时，强调增长率而非量其实是在为上层阶级脱罪，比如在英格兰银行的报告中所说的那样。我们要当心世界上的经济学家和媒体报道方式中的阶级偏见！在英格兰银行的报告中，他们邀请最底层的10%的人们用他们的3000英镑[①]来庆祝每周多喝的三杯咖啡，还督促这些底层人民意识到这些东西的价值远远超过以325000英镑可以购买的一套小房子。

---

　　① 译注：原文为美元，联系上文，此处应为英镑。

第十章

# 对消费者选择的侵蚀

　　马克思有时候会以古雅的方式表达维多利亚时代的观念，如果我们把它和当代的情况联系起来，并将他的理论与此时此地我们周围发生的事情联系起来，会非常有意思。在《资本论》第一卷的《机器和大工业》一章中，有一个非常突出的主题，那就是工人的自主权被工厂制度夺走了。在资本主义时代以前，技术熟练的工匠们控制着他们的工具。他们有一定的权力，他们掌握使用劳动工具的技能，因此对生产做出了贡献。这是劳动力对资本的"免费馈赠"。但同时，它也是一个盛了毒酒的酒杯。资本必须承认劳动者是自主的，因为劳动者拥有技能。如果工人们"放下工具"，那么资本家就失败了。工人们可以拒绝以某种特定的方式工作。

　　然而，对于机器来说，技术处于机器的内部。从生产的速度来看，自主权在劳动者之外。在查理·卓别林（Charlie Chaplin）的《摩登时代》（*Modern Times*）中有自动化生产的画面，其中劳动者变成了马克思所说的"机器的附属物"。劳动者必须以外部动力设定的速度，做机器希望劳动者做的事情。

　　这种工人自主权受到侵蚀的论述在资本的历史中是有迹可循的。这让我想到了消费者不断变化的自主权。我们作为消费者的自主性如何？我们在多大程度上成为资本主义消费生产机器的附属物？

　　其实，把马克思关于机器的章节稍微修改一下，就可以用来谈论当代消费主义。当我第一次在纽约市的哈德逊广场的新区域散步时，我突然想到了这个问题。哈德逊广场被吹捧为美国最大的房地产开发项目，他们声称这甚至可能是世界上最大的房地产开发项目。但坦率地说，我认为它与中国的那些项目相去甚远。哈德逊广场让我觉得不可思议的地方在于，里面有一个购物中心。我的第一反应是："为什么纽约需要再建一个购物中心？"这个购物中心建造精良，你可以步行穿过大片区域，但里面没有可以坐下休息的地方，除非你进入咖啡馆或者餐馆。这里的环境非常乏味。它本身很美，有人会说这是建筑上的美。但与此同时它又很空洞，这不一定是因为没有人而显得空旷，而是没有任何真正的意义。这让我不禁要问："这个畸形的哈德逊广场是如何建成的？"

有趣的是，自从哈德逊广场在上个月竣工以后，外界对它的评价一点也不积极。主流的艺术评论家和建筑师对它进行了强烈的抨击。这个建筑项目在玻璃、大理石和其他方面支出了大量的金钱和资源，但是坦率地说，所有这些都是为了创造一个不是很吸引人的空间。我想大多数人都有这种感觉。现在人们开始讨论："我们必须在其中加入更多的绿色植物；我们必须做更多的园艺工作；我们必须让它变得更方便人们使用。"他们刚刚开设了一个叫做棚屋（shed）的公共空间，这本应作为一种景观。但显而易见的是，棚屋的作用是尽可能多地创造景观，以便人们进入这个空间，然后进入商场，也许会吃点东西或买点东西。这完全是在操纵一个人的需求和欲望，都是为了构建资本意象。

这就是马克思所说的工厂制度。他说，建立工厂制度不是为了减轻劳动负担。事实上，他在《机器和大工业》的开头就评论了约翰·斯图亚特·穆勒（John Stuart Mill）的观点。马克思讨论了为什么穆勒无法理解，本应减轻劳动负担的机器，实际上最后使得劳动过程变得越来越压抑。我们可以用同样的话来评价哈德逊广场。现在的情况是，资本构建了一些东西，对于一个不经意的观察者来说，这些东西应该用于改善人们的生活质量。但现在这些东西事实上只是对当代资本的本质进行象征性的展示。这是一种象征性的介入，而不是真正的介入。有些人会住在哈德逊广场，但是那里的房价肯定是和经济适用房毫不相关的。对于前10%的富裕人口中的前1%的人而言，哈德逊广场大多数的住房是相当优质的。你会问自己："如果我们把用于建造这个地方的所有资源都用于建造纽约迫切需要的经济适用房，会发生什么？我们会生活在什么样的城市？"此外，如果我们把这么多的努力用在创造消费者选择的可能性上，例如创造不同的生活方式、存在方式，又会发生什么？

如果哈德逊广场能够因为被人们利用而变得"文明"起来，我们就可以把它变成一个充满活力的地方，就像华盛顿广场那样。华盛顿广场是一个公共的空间。当太阳出来时，音乐家们出现了，广场上挤满了各种玩滑板的人、打牌的人，还有角落里的国际象棋和跳棋玩家们。那里呈现出一种完整的生活方式。看看哈德逊广场的空间内是否会发生类似的事情会很有趣。尽管哈德逊广场上的建筑很糟糕，但是如果人们愿意，我们也能把它变成像华盛顿广场那样的空间。以巴黎为例，蓬皮杜艺术中心的建筑并不差，但它的前院却非常糟糕，这是你能想象到的最冷峻和乏味的建筑。但是不知道为什么，人们进入了这个空间，并将其变成一个充满生机和活力的地方。然而，这需要官方对公共空间内的自由有一定的容忍度，从而使公共空间可以被不同的人自由地使用，做不同的事情。这样一来，空间可能会变得更有趣，也更适合居住。换句话说，设计师建造了一个空间，希望人们能够进来，使它变得有趣。我希望人们能够来到哈德逊广场，带来文明，让它变成一个完全不同的东西。然而，现在管理这种空间的私人利益集团往往以安全和社会管控的名义，来禁止那些使空间变得有趣的狂热行为。

这让我回到了在资本（控制）下日常生活的性质和品质的问题上。马克思认为，空闲时间是评价社会是否让人满意的重要指标之一。马克思指出，我们应该追求所谓的"自由的王国"。他说，"在这个必然王国的彼岸……真正的自由王国，就开始了"。因此，一个好的社会是一个满足人们基本需求的社会；每个人都有需要的足够的食物、足够的衣服、足够的住房、足够的工作岗位和足够的机会，可以过上充足的生活。此外，剩下的一切都是空闲时间。人们做他们喜欢做的事，在他们喜欢的任何空间里。换句话说，我们想要的是人们对于如何使用他们的时间和如何消费他们的时间拥有某种自主权。但是，随着资本入侵日常生活，这种自主性的可能性逐渐被削弱。资本剥夺了我们对自己时间的自主权，使大部分人无法到达"必然王国的彼岸"。也就是说，事实上，大部分人正在努力获得生活必需品，这意味着他们表达自由的能力和时间非常有限。城市的最佳状态是社会群体有很大的社会自主权，可以用他们的方式做想做的事。但是，我们一次又一次地看到，人们自主和自由生活的技术和能力被侵蚀、被剥夺、被清除。

这是当代生活中可悲的部分之一。越来越多的时间被占用，越来越多的消费选择被控制。想想互联网之类的东西，它有一段非常有趣的历史。互联网一开始应用于军事，通过一个艺术性的点对点创意系统来进行的。这个系统进行着各种创新，由创意人员通过合作或对话来推动。当时，互联网似乎是真正的社会进步和社会传播、社会生产甚至在某些情况下进行社会革命的载体。但在几年内，这个互联网被垄断了，并且频繁地被作为一种商业模式来进行管理。资本主义商业模式接管了互联网，所以我们有了脸书，我们有了谷歌，我们有了亚马逊，所有这些企业本质上都在垄断日常生活的质量，并诱导各种形式的消费主义。在我看来这是缺乏灵魂的。这就是哈德逊广场给人的感觉。在皇后区拒绝其入驻以后，亚马逊占用了哈德逊广场的大量闲置空间，这样一想就一点也不奇怪了。亚马逊和哈德逊广场彼此相配，但对我们来说却一无是处。从远处看，亚马逊的办公室看起来很不错，它闪闪发光，就像一个山丘上的闪亮城市。它远看像个奥兹国（Oz），但是当你靠近时会发现它其实很空洞，也无法和在其中川流的人群建立情感上的联系。同样地，我不是在说这个空间不可能转换成别的东西。人们确实能够控制他们的社交空间，并赋予其风格。在资本只是促进非自主形式的消费主义时，对城市的意义做出巨大贡献的其实是人群。

马克思没有花太多的时间从消费者的角度谈论问题。但是，这种消费主义让我们回到了先前的话题上，即随着资本量呈指数级增长，这种不断增长的资本量面向的市场又在哪里？以及如何通过消费主义来吸收增长的资本量？随着商品总量的增加，我们显然需要越来越多的人口来消费这些商品，但他们也必须有钱来购买这些商品。这些意味着，社会必须以某种方式来构建。这种构建不仅需要处理利润率下降的趋势，还要处理越来越多数量的商品难以实现它们的价值的问题，而这些越来越多的商品本身也成了问题。

一般来说，不断增加的产出通常在资本主义的历史上被视为一个积极的特征，尤其是在大众消费主义也不断强化的情况下。

尽管这些也伴随着人们对日常生活品质的一些不满，但这些暗潮汹涌的不满，与人们生活在一个努力自我驱动和竞争激烈的消费社会中所受到的压力有关。我认为我们应该从一个完全不同的角度来看待消费主义。当代消费主义的无休止地、复合性地增长，都在与资本的无休止积累齐头并进，我们需要对此进行批判性的评估和反馈。例如，我们应该用更有创造性的方式思考如何控制和减少从地球深处开采大量资源。我们攫取资源是为了满足当代补偿性消费主义的需求，而这一点也是资本无止境的积累的关键。这是我们现在面临的重大社会和政治任务之一。现在正如许多人在气候变暖例子中指出的那样，我们很容易意识到，一个事物如果达到一定的数量就会变得难以控制，甚至不可控制。但真正的问题是，如果我们从这个角度来思考的话，控制碳排放率就会变得越来越不重要，因为现在已经有的温室气体的量已经大到足以（对环境）造成非同寻常的破坏。

在所有这些问题中，数量和增长率的问题是至关重要的，但这些问题都不能孤立地解决。资本无止境的扩张将某种生活方式强加给了广大的群众。资本扩张决定了生活方式的改变，人的一生的周转速度也在加快。这些都是消费主义和无休止积累的生产所带来的生活方式的转变。主观的动机和需要即时满足的欲望是关系总体的一部分，它们支持和确立了新自由主义资本主义的核心原则。

例如，"加速"是资本主义生产方式不可或缺的一部分，是在产出和竞争力方面领先于对手的方法之一。如果我走得比对手快，我就赢了。因此，人们极大地强调了加快做事速度的重要性，而这样做的结果就是，我们大多数人方方面面都活在快节奏的生活中。我们必须更快地消费、更快地适应和更快地工作。放松的、缓慢的消费成为一种无法实现的迷信。人们喜欢去幻想自己可以通过缓慢进食和吃当地的食物，来构建一个不同的社会。我喜欢慢食的想法，但从另一个角度来说，这不是大多数人能够生活的方式，而且这无论如何也不会成为一场革命性的消费运动。但它至少提出了一个问题：一个社会的工作速度是如何运作的，愿望、需求和欲望是不断变化的，因此这也涉及瞬间的满足，而景观也取代了真实的物体，成为消费的对象。景观的优势在于它们是即时的。人们很有可能是在棚屋里和其他各种地方来搭建景观，以此让哈德逊广场变得有用起来。也许也可以在那里引进一个博物馆，尝试从文化的角度来影响周围的环境。对资本的分析必须考虑增长率、数量、速度和总体的关系。增长率、数量和速度也会影响消费主义，而这种影响的结果就是会引导一种特定的生活方式。对许多人来说，这种生活方式是疏远和陌生的，即使它提供了停留于表面的满足和瞬间的满足感。在这种情况下，对日常生活质量的不满很容易发酵，并不断增长。

第十一章

# 原始积累

　　《资本论》的第八篇①涉及了马克思所说的原始积累，或者说初始的积累。这是关于资本如何产生和如何获得权力的故事。我喜欢阅读《资本论》的其中一个原因是，马克思会根据他所涉及的主题改变他的写作风格。有些段落非常抒情，有些段落是理论性的，有些段落是有关真实的历史记载，而另一些段落则枯燥乏味，计算着多少份的这些东西等于那些东西。但是关于原始积累的最后一部分是由简短、尖锐和残酷的章节组成的。几乎可以说，马克思试图通过他的写作风格来强调资本获得权力的过程的残酷和暴力。

　　马克思笔下关于资本起源的故事与当时盛行的资产阶级观点和说法背道而驰。当时的政治经济学家把资本的发端讲成了一个高尚的故事。他们说有的人细心周到、有节制、有责任心、着眼于未来、懂得延迟满足感。而另外一些人挥霍无度，选择把时间花在生活的狂欢中。有德行的人成为企业家，他们延迟满足，储蓄、积累和展望未来；挥霍无度的人只剩下一种谋生的可能：将他们的劳动力提供给节俭的资本家，而资本家则负责将这些劳动力有效地分配在工作上。

　　另一个我们现在更熟悉，但在马克思时代也存在的故事是：资本来自基督教的美德。马克斯·韦伯（Max Weber）后来将

---

　　① 译注：即中译本《资本论》第一卷第二十四章《所谓原始积累》。

这种解释写成了一部重要的作品——《新教伦理与资本主义精神》①。新教的伦理和贵格会的禁欲主义拯救了一个失败的封建经济体系。贵格会的美德、延迟满足、谨慎地管理金钱、创业的技能，以及在支持私有财产的基础上，对家庭保持忠诚，这些都是资本主义兴起的根源。马克思说的故事和韦伯不一样，但是当时的许多叙述也强调了基督教、马丁·路德和贵格会节制的本质，这些都让马克思仔细思考。马克思对此进行了深思熟虑，并反驳了它们。事情并不是这样的。他说，现实是，资本主义的起源，是"血与火的文字"②写成的历史。这是一个暴力、残酷的过程；对之前治理体系的篡夺，对权力关系的篡夺，抢劫、盗窃、暴力、欺诈，对国家权力的侵占，使用了几乎所有你能想象到的犯罪手段。

这就是马克思想要讲述的故事。也许他有点夸张，但从另一方面来说，当我们回顾过去时，我们发现在历史中发生了很多如他所说的事情。他断然否定了宗教故事，认为它完全是虚伪的。如果你想了解宗教人士的真实行为，只需看看基督教教区的组织

① 译注：《新教伦理与资本主义精神》（*The Protestant Ethic and the Spirit of Capitalism*），原书写为*The Protestant Ethic and the Origins of Capitalism*，应为作者笔误。

② 译注：［德］卡尔·马克思：《资本论》（第一卷），人民出版社2018年版，第822页。

方式，救济院和孤儿院中穷人的待遇，等等。他们建造了监狱，建立了监禁政治（一直持续到今天）。他们对流浪者使用暴力镇压，践踏人的尊严，随之而来的还有基督教处理失业和贫困的方式。

但马克思想要说的主要是，通过暴力的手段，广大民众被剥夺了获得生产资料的机会，而其中最主要的就是土地，并被剥夺了日常生活再生产的其他可能，他们除了向新兴资本家出售他们的劳动能力之外别无选择。对马克思而言，这种暴力剥夺和这种社会秩序的暴力重组是资本的原罪所在。我认为他阐述这个原罪概念的方式很有趣。因为有一些思想家，例如德里达，会说，任何社会秩序在形成时都带有暴力起源的痕迹，而社会秩序永远无法抹去那段历史。这种暴力的起源不断地困扰着社会秩序，并一次又一次地回归，一次又一次地困扰着它。现在是一个很好的时机，让我们重新审视这些暴力形式的征用、驱逐和被驱赶后的再次回归。马克思认为这种暴力存在于资本主义的起源中。事实证明，今天我们周围还发生着很多这样的事情：用欺诈、谎言、神秘化，来掩盖富人和权贵对弱势群体和小众群体进行的恶劣侵占。现在正是一个有趣的时刻，当下可以思考我们是如何被原始积累的暴力所困扰的。

马克思认为，封建秩序是被一系列特殊的方式破坏的，其中包括商业资本主义的破坏。这种资本主义以低买高卖为基础，或者直接侵占弱势群体生产的产品，因为这些人无力抵抗商人的武力和财力。封建秩序也受到了高利贷的破坏。放债人非常善于剥夺土地，所以，如果你把放债人和商人资本家放在一起，他们就会破坏封建权力。这使得货币资本在极少数人手中积累和集中成为可能，接着这些人用这些累积的资本来剥夺大众手中的所有生产性资产。马克思关于原始积累的故事归根结底是关于工人阶级形成的故事：他们除了在劳动力市场上出售自己的劳动力之外，没有任何生存或生活的手段。

这就是马克思希望通过分析各个历史阶段向我们揭示的秘密。这种情况首先发生在土地上，他们展开圈地运动，然后再把私有产权强加于土地之上。再者，他们掠夺教会的地产，并且剥夺了国家（或皇家）对土地的所有权，通过把这些土地私有化来逐步整合土地。这种私有化的过程中产生了一类地主资本家阶级，他们的主要任务是将工人与土地分开，迫使他们流落街头。马克思认为，这意味着一个以获得公地为基础的社会秩序的崩溃。因此，我们看到其中一个大动作就是圈占公地，这实际上是一个法律程序。马克思强调了非法剥夺过程最终变成合法剥夺的过程。资本得以指挥国家，通过法律来剥削广大人民，并将土地私有化。工业资本家以不同的方式出现。他们把地产和雇佣劳动的存在作为基础，但获得的是货币权力，并开始利用它来赚更多的钱。这就是资本的起源。

　　这是马克思在《资本论》中讲述的一个精彩的故事。他以各种方式讲述它。但是，其中一个非常引人注目之处是这个系统是建立在巨大的虚伪之上的。它的真正虚伪之处在于，一方面，自由主义理论认为，当个人将他们的劳动与土地结合在一起，并维护他们对自己劳动产品不容置疑的权力时，私有财产就产生了；但另一方面，被资本雇佣的工人无权获得自己劳动所得的产品，该产品属于资本。工人也无权控制劳动过程，因为劳动过程是由资本设计的。约翰·洛克（John Locke）提出的自由权利（liberal right）理论在17和18世纪被彻底颠覆了——因为社会开始转向基于雇佣劳动的资本主义社会。

　　我认为这一点很重要。因为这包含了一个重要的问题：马克思所描述的原始积累过程在多大程度上仍然存在？马克思有时让人觉得，虽然资本曾经充斥着非法的暴力过程，但是一旦资本出现并正式形成，所有早期的非法行为就不会再被使用。正如马克思所说，到最后，由此产生的社会通过敏感的经济体系进行决策，排除了暴力征用，用法治来接管。所以，读完马克思的《资本论》第一篇得到的印象是，基本上有一个和平与合法的市场进程；这个市场进程建立了市场交换制度，建立了利润率的平均化，也有了私人的产权，等等。自由市场体系被假定以一种完美的、相当乌托邦式的方式运作。在《资本论》的前几章中，马克思确实讨论了亚当·斯密（Adam Smith）和李嘉图（Ricardo）的古典政治经济学的乌托邦愿景。实际上，马克思说让我们接受他们的乌托邦愿景，并试图弄清楚资本如何在自由市场交易、基于私有产权的法律体系等基础上运作的理论。所以就有了这一印象：从前发生了一场激烈的斗争，最后导致了资本的崛起。但之后，资本的制度就被定了下来，成为一个法律体系，一切都在按照资本积累的规律运作。马克思所表明的是，这种制度的运作并不是为了所有人的利益（正如亚当·斯密所声称的那样），对于贫穷的工人而言，它使富有的资本家享有特权。但这是一个合法的过程，因此不再需要使用暴力、剥夺和驱逐等手段。

但是，当我们反观当今社会的组织方式的时候，会发现我们身边还在发生大量的暴力剥夺事件，也存在许多与劳动力就业相关的暴力和胁迫。我们每天都在被社会中所发生的暴力事件所包围。资本的原罪似乎会永无止境地卷土重来，永远困扰着我们。在我们自己所处的时代，这正在成为一个至关重要的问题：如何面对资本中的非法性？不幸的是，乌托邦式的古典政治经济学所提出的资本理论并不能反驳这个问题。资本主义不再是一种和平、合法和非强制性的制度，就算它曾经如此。事实上，我们所面对的不仅是过去发生的暴力剥夺制度的延续，而且是复兴。我们所处的资本主义形式不是基于平等的交换，而是基于某种暴力剥夺。

关于原始积累的技术和实践，在资本主义漫长的历史中到底在多大程度上被延续了下来，一直存在一些争议。一些重要的思想家认为，如果我们不把其中的一些技术和实践延续下来，我们就很难想象会有一个稳定的社会。汉娜·阿伦特（Hannah Arendt）的观点尤为如此，罗莎·卢森堡也是这么认为的。实际上罗莎·卢森堡特意指出，马克思关于资本主义生产连续性的描述遗漏了一些东西。在她看来，资本积累所需的系统扩张，取决于资本主义动态中原始积累的连续性。资本能够继续下去的唯一途径是在资本主义发展的地区之外拥有一席之地，让资本积累可以以此为生。而殖民主义和帝国主义给这种外部发展提供了途径。资本的扩张取决于发生在资本主义社会边缘的原始积累，而且卢森堡认为，这是资本主义的一个永恒的特征。她实际上是在说，帝国主义是资本主义的必要特征，在边缘地区的原始积累是资本生存所必需的。当边缘地区完全被吸纳，而资本无处可去时，那将标志着资本主义的终结。但与此同时，她说把资本的动态理解为一个平稳运行的、类似法律的系统，与主要在边缘地区进行的原始积累的粗暴和跌宕之间存在着真正的区别。人们总是利用暴力的侵占和剥夺等手段将边缘地区吸纳到资本主义体系中，同时还用上了帝国主义干预的暴力手段。

我认为这个论点很有趣。在马克思著作的一些段落里，他似乎也觉得卢森堡所描述的那种情况在实践中有可能发生。例如，他认识到资本主义系统的扩张需要增加获得原材料以及扩大市场的机会。当这种情况发生时，他立即说，实际上当我们从战术上分析时会发现，这就是英国在印度所做的事情，印度成为兰开夏棉花工业扩张的大市场。为了做到这一点，印度本土建立的纺织业必须被摧毁。而这正是英国权力的一部分——摧毁印度纺织业，让印度人不得不消费兰开夏的棉制品。因此，英国通过破坏印度本土工业能力，开放印度市场，达到照顾本国市场的目的。但是，印度需要通过某种方式来支付这些进口的棉织品，这就导致了印度的大部分生产围绕着原材料的生产而展开。因此，原棉、大麻、黄麻等东西成为出口产品。然而，正如卢森堡所指出的，这些产品实际上并不足以支付进口棉花的总价值。因此，印度需要用其他方式来支付这些钱。在这里我们又看到了一种原始积累的暴力。因为正如卢森堡所指出的那样，印度实际上是在英国的强迫下开始大量种植鸦片的，然后鸦片被带到了中国，并通过鸦片战争强加于中国。中国人不想要鸦片，但他们被迫接受。上海被迫开放为通商口岸，通过该口岸可以向中国大量出售鸦片。中国人用大量的白银来购买鸦片。因此实际上中国的白银就流向了印度，然后又从印度流到了英国。

卢森堡所描述的是一个帝国体系。它在边缘地区进行原始积累，并且将无限期地持续下去，直到所有边缘地区都被吸收到了资本主义的发展中去；在这种情况下，资本将无法给自己找到一个足够大的市场。所以这个故事是关于帝国主义是如何在边缘地区延续原始积累的——直到今天，我们仍然会发现边缘地区发生着马克思所说的这些事情。比如，对印度农民的剥夺和该国日益增长的雇佣劳动力，以及世界各地对农民组织的破坏，都表明了马克思当时所谈论的原始积累仍然是资本主义社会的一个特征。但同样的，马克思的原始积累理论主要不是关于市场和原材料的问题，而是关于全球雇佣劳动群体形成的问题。自1980年左右以来，全球雇佣劳动力增加了约10亿人。我认为这一点有很重大的意义——经典意义上的原始积累仍然存在。

我们需要在一定程度上相信卢森堡提出的问题的重要性：当整个世界都被组织到资本主义内部，没有外部空间让原始积累继续下去的时候，会发生什么？在这种情况下，我认为我们将需要一种与原始积累类似的替代形式，能够让资本主义体系稳定下来。这就是我接下来要讨论的内容。

第十二章

# 通过剥夺进行的积累

前段时间，我和我的好朋友乔万尼·阿瑞吉一起教了一门研讨会形式的课程。他一直在试图理解全球资本积累结构的深层变化。我们的讨论涵盖了在当代资本主义中的无数的资本积累过程。我记得我跟他说过："我们不仅要处理生产中对活劳动（living labor）的剥削的资本积累——就像马克思在《资本论》第一卷中描述的那样，我们还需要考虑以纯粹和简单的剥夺为基础的资本积累。"乔万尼问我是不是想说"我们必须考虑通过剥夺进行的积累"？我说："是的，我认为我们必须考虑这个问题。"从那时起，我经常写到通过剥夺进行的积累，我把它作为一种积累的形式，与生产中对活劳动的剥削相对应。

当我讨论通过剥夺进行积累时，我不是在谈论原始积累。原始积累把人们从土地上驱逐出去，圈占公地，并导致雇佣劳动力的产生。相反，我讨论的是已经积累起来的财富被某些资本所侵占，这种侵占发生在没有对生产进行投资的情况下。这种情况可以在几种不同的情况下发生。我认为，当代资本主义在很大程度上越来越依赖于通过剥夺进行积累，而不是通过剥削生产中的活劳动。我这样说是什么意思呢？比如说，在《资本论》中，马克思研究了资本的日益集中。这就意味着资本会驱逐小型生产者，并且窃取和整合他们的资产。如今，并购是一项大生意。大资本接管小鱼，也可以说是吞噬了它们。这些大资本同时开始通过接管其他资本来扩大其权力和规模。资本集中是有"规律"的。大公司接管较小的公司，形成一种准垄断的局面。在这种情况下，大公司支配所有其他公司，并且收取垄断价格。

例如，让我们来看看谷歌的崛起。谷歌在扩张过程中收购了多少小公司，才最终成为现在这样的大公司？这就是硅谷的运作方式。创业者开发了小型应用程序，并成立小型个人公司。到了某个时候，他们被大资本收购，成为一个庞大企业集团的一部分。公司并不是通过雇佣劳动力来积累资本，而是通过接管他人的资产和资产剥离来积累资本。马克思观察到，信贷系统成为资本集中的主要工具之一。杠杆收购变得很普遍，有各种各样的策略可以让收购和并购变得非常便捷。但是如果流向某些经济部门的资金被切断了的话，企业有可能会发现它在短期内很难延缓债务，那么即使它们的业务良好，也有可能会被迫破产。而当流动性恢复时，银行和金融家可以收购这些企业，并获得巨额利润。在1997—1998年东亚和东南亚金融危机爆发的时候就有过这种情况。

类似的事情在美国次贷危机期间也曾发生。许多人发现自己被迫（在某些情况下是非法的）通过取消抵押品赎回权交出他们房屋的产权。业主无法支付抵押贷款，大量房屋不得不被廉价卖出，因为他们丧失了抵押品赎回权。像黑石这样的私募股权公司逐步以大甩卖的价格购买这些抵押品房屋。黑石在短期内成为美国，甚至有可能是世界上最大的房东。它现在拥有成千上万的房屋，并以高利润率出租。随着房地产市场的复苏，你可以出售这些房子，获取巨额利润。这也取决于你所处的市场——如果你在旧金山和纽约，那么房地产市场恢复得相当快，而在其他地方则缓慢一点。这样的事件占经济的很大一部分，它是一个逐步积累的过程，但和生产无关。这纯粹只是在资产交易的过程中获利。不过公司需要在资产的价格在市场机制的强制作用下贬值以后买入。这些资产在后来被重新估值了，而私募股权公司可以通过重新估值积累资本。

这是一种与生产无关的积累方式。我们仔细观察，会发现社会上很多人都在用这种方式攫取大量的财富，并且进行交易。这意味着资本积累是通过资产价值的向上重估实现的。现在，我们还看到了这种资本积累通过其他方式在进行。比如，如果城市中的一部分地区的环境正在优化，那么我们就会看到众所皆知的贵族化（gentrification）进程。在这个过程中，低收入人口被驱逐或者挤压出这块区域。而这是通过什么样的方式来进行的呢？在这个过程中，有些手段是合法的，有些处于灰色地带，而有些则是彻头彻尾的非法手段。当然了，房东总是有很好的手段让租户离开他们的房子。在20世纪70年代，就有房东采取了通过烧毁建筑物而获得保险的方式，为开发新的高档住宅扫清道路。纽约市广播电台用"布朗克斯[①]正在燃烧"来形容这个现象。在整个资本主义世界里，城市驱逐低收入人口的行为变得越来越多。但是被驱逐的人口必须找个地方住，他们通常选择住在偏远的城市边缘。

　　这听起来有点像马克思所说的剥夺土地的原始积累，只不过它不是为了创造雇佣劳动，而是为了解放空间。在解放了空间以后，资本可以进入这一地区，并且进行重建，（即）借助城市化的积累策略得以再贵族化（re-gentrify）。当我们再次审视这样的事情时，会发现它是通过剥夺来积累的。资本剥夺了人们的权利，剥夺了他们进入城市好的地区居住的机会。他们被迫住在城市的边缘地带，也许他们需要花费很长的通勤时间去上班。因此，我们将一次又一次地看到城市中的驱逐行为。我们也将看到类似的事情在土地上再次发生。一个所谓的"土地掠夺"的过程正发生在整个非洲和拉丁美洲。资本正在寻找合适的投资场所，"看，我们的未来在于控制土地和土地上的资产，例如原材料和矿产资源，以及土地的生产能力"。大资本开始垄断，越来越多的财富集中在食利者（rentiers）手中，而不是在直接生产者手中。

――――――――

　　① 译注：布朗克斯（the Bronx），即布朗克斯区，位于纽约北部。在20世纪70年代该区是一个高失业率的贫困区，纵火案频发。

我们还看到以另外一种用剥夺进行积累的情况。如果一个人在美国工作，他的就业合同中往往包括了医疗保险和养老金。这些权利在当代社会非常重要，但又受到威胁，特别是在发达的资本主义世界中。

养老金是对未来收入的索取权，这根据人们对其养老基金定期缴纳的款项来计算，按理说这是有保障的。然而，许多公司发现自己公司在养老基金或医疗保险方面的义务太多，无法真正持续地提供资金。因此，大型企业开始试图摆脱他们的这些义务。主要的航空公司对此颇有心得。联合航空公司（United Airlines）宣布破产，美国航空公司（American Airlines）也宣布破产，并不意味着它们停运了飞机。他们通常会使用联邦破产法第11章或者其他法律条款，这些条款能够让他们在法官的监督下重新协商他们的义务。这些公司通常会说："我们只能通过摆脱过去的义务来恢复我们的业务。"而法官说："好吧，你这话是什么意思？"他们的回答是："我们需要免除养老金和医疗保险义务。"公司实际上也在拒绝履行这两项义务，员工发现他们失去了养老金。在美国，通常情况下会存在一个养老金保险基金。这个基金会说："好吧，如果联合航空公司放弃了它的养老金制度，美国航空公司也放弃了，那么国家就会接手。"但是，国家通常不会按照人们所期望的价值来接手这个养老基金。在美国航空公司工作的人可能希望每年获得8万美元养老金，但养老基金每年只支付4万美元，很多人难以仅靠这笔钱生活下去。取消养老金成为资本家增加资本积累的重要途径，这以牺牲养老金领取者为代价。这就是许多希腊人的遭遇。我有一位同事三年前在那里退休，直到上个月他才拿到第一笔养老金。他在三年的时间中没有收到任何一笔钱，因为国家的养老基金没有得到合理的投资和资助。目前，世界各地的养老金都存在大问题。大资本在持续进行资本累积，而这是在不为雇员支付养老金的基础上实现的。

所有这些资本积累的形式就存在于我们身边。这些与马克思在写资本的起源时存在的那些积累形式并不一样。和原始积累不同，这些形式的积累关注的是已经在资本下创造和分配的价值，这些价值正在通过重新分配从大众的手中溜走，来增加日益集中的公司和前10%的人手中的巨大资产。我们需要认真对待通过剥夺进行的积累。它已经成为目前资本再生产的主要手段之一。当然，剥夺式积累一直存在，而且一直很重要。它从未消失过。

从马克思写的发生在17、18世纪的资本原始积累以来，通过剥夺进行积累的要素就已经存在了，而且从那时起一直持续到现在。但是，尤其是自20世纪70年代以来，越来越多的积累转向剥夺，而这是以雇佣和剥削生产中的劳动力来创造价值为代价的。

这就提出了一个有趣的问题：我们目前所处的资本主义社会到底是什么性质的？我们必须在多大程度上组织起来、反对通过剥夺进行积累？当然，我们也可以看到大范围的反贵族化的斗争。人们试图努力地防止自己从值钱的地段被驱逐出去，以致流离失所。我们也看到了保卫养老金和医疗保险权利的斗争。同时，我们还看到了对土地掠夺的抗争运动，这和马克思所写的17—18世纪情况相类似，当时的富裕阶级经常动用国家权力来剥夺其他人口的土地。在我们这个时代，我们看到了多种形式的剥夺，这些手段被扩展了，变得多样化。例如，如果我们看一下美国最近一次对有关税收的法规、法律的改革，会看到通过税收对财富和权力进行再分配，以及剥夺税法中某些预先存在的权利。财富的价值越来越多地流向公司，越来越多地流向富裕阶层，以牺牲其他所有人为代价。因此，当代欧美税法是一种通过剥夺进行积累的工具。

剥夺的技术手段有很多。在目前的情况下，我们需要对剥夺式积累，以及造成掠夺发生的各种机制进行全面的研究，这将是非常重要的。这是资本主义起源的原罪回归的时刻。原始积累建立在暴力、谎言、欺骗等之上。但是，如果你回看2007—2008年的美国房地产市场，其中发生的事件有很大一部分，也是建立在通过暴力、欺诈以及某种用阴谋和谎言（例如指责受害者）来非法剥夺普通人的基础之上。这构成了如今资本家阶级及其政治权力形式运作的主要手段。剥夺式积累是我们目前经济运作的一个重要方面。当然，这也引发了大量抗议活动。我们的经济正在发生翻天覆地的变化，经济增长被引导到通过剥夺来积累，而不是更经典的手段——用有组织的劳动来剥削和占有剩余价值。

原始积累和剥夺式积累之间有一个共同点，那就是近代以来的国有和公共财产私有化的巨大浪潮。撒切尔夫人上台后，她不仅立即着手将尽可能多的社会住房私有化，而且还将供水、交通和其他各种公共资产（包括所有国有企业）私有化。在几乎所有情况下，公共资产都以折扣价出售，这使得私人公司得以利用私有化过程为自己谋取经济利益。对公共财产的掠夺进行得十分迅速。陷入困境的国家被迫将各种国有资产私有化，以换取财政支持，比如危机时期的希腊政府。在希腊，甚至有人建议将帕特农神庙卖掉，将其私有化，以使负债累累的国家财政状况稳定下来。

然后，商业资本重新作为主要的权力中心（相对于工业生产资本而言），用独特的财富占有机制武装自己。像谷歌这样的公司会部分参与新的生产工具的设计，但谷歌的大部分工作是通过市场机制进行占有。这是一个大规模的商业资本主义运作。苹果公司也同样通过商业资本主义来占有市场并获取地位，而不是通过组织生产来达成这一目标。在某种程度上，工业资本主义越来越屈从于商业资本主义和食利形式的资本主义。食利资本主义和商业资本主义的运作机制越来越多地关于剥夺式占有和积累，而不是组织生产和在生产中剥削活劳动。这就是我们已经步入的那种资本主义社会，是一个不会被经典的左派组织技术所控制的社会。它必须由一个完全不同的政治机构和计划来控制，我们需要另辟蹊径，用政治抗议的手段来促使这种控制权的转变。

# 第十三章

# 生产和实现①

① 本章是在新冠疫情导致的停工之前创作的。

反资本主义斗争存在于生产环节，存在于市场中的实现环节，也围绕着社会再生产问题展开。这里指的不仅是劳动力的社会再生产，而且是整个生活方式的社会再生产。我想在这里讨论一下生产和实现的问题。在马克思主义理论中，思考这个问题的经典方式是将工厂视为剥削的场所。工厂是集体劳动的场所，它由资本建立、组织和支配，并在其中生产和再生产价值与剩余价值。这一直是很多人思考的核心。但是，当工厂消失后会发生什么？美国和欧洲这样的发达资本主义经济体经历了去工业化时期，工厂变得越来越不重要。这就给我们提出了一个有趣的问题：工人阶级在哪里，谁构成了工人阶级？让我来提出一个非传统的观点：也许我们现在应该去掉"阶级"这个词，而只说"劳动人民"。我的理由是，"工人阶级"通常暗示着某种劳动条件。而"劳动人民"则拓宽了问题的范围，使我们能够重新构建一个不同的概念，也就是：到底谁是工人阶级，工人阶级可能会做什么，他们在当前的形势下可能拥有什么样的力量。

1970年左右的去工业化进程也让很多蓝领失去了他们的工作。我就拿我最了解的美国和英国作为案例。在这两种情况下，很多失业都是由于技术变革造成的。据估计，在过去的30或40年中，大约60%的失业是由技术变革造成的；其余的主要是由于离岸外包，也就是把低薪工作放到中国、墨西哥或者其他工资低廉的地方。但随着技术变革，我们看到的是劳动力从非常庞大的群体减少到通常只需要少数工人。例如，当我1969年去巴尔的摩时，那里有一家非常大的钢铁厂，雇用了3万多名员工。到了20世纪90年代，他们生产的钢材数量相同，但只需要雇佣5000人。进入21世纪，钢铁厂要么被关闭了，要么在被收购后重新开工，然后只剩下了1000名工人。在1969年我第一次知道钢铁工人工会的时候，它还是在巴尔的摩这个城市中一个非常强大的机构。但现在，它主要与退休人员和养老金领取者打交道。工会在巴尔的摩政治斗争中的存在感已经非常低了。

人们很容易会说工人阶级已经消失了。其实并非如此，工人只是没有再制造和以往一样的东西，也不再参与相同的活动。例如，为什么我们会说制造汽车或制造钢铁是工人阶级的职业，而做汉堡则不是？如果你看一下就业数据，麦当劳、肯德基、汉堡王和其他类似公司的就业数据都出现了大幅增长。这些领域的就业人数也有大规模的增长。这些工人就像汽车工人一样在生产价值，只是他们生产的是熟食，而不是钢铁和汽车。我们应该从这个角度来看待"新"工人阶级。最近，我们看到快餐店的工人们开始组织起来，并采取激进的行动方式。但鉴于他们工作的性质，相较于其他类别的工人，他们更难被组织起来。

马克思所说的"自在阶级"（class-in-itself）正在围绕这些新就业类别的扩散和增长而形成。这个阶级现在开始成为"自为阶级"（class-for-itself），因为他们开始与麦当劳抗争，并要求提供每小时15美元的最低工资，或超过这个数字的生活工资。快餐生产领域正在发生很大的动荡。但我们也必须以类似的方式来思考所有的小餐馆老板及其员工们所处的状况。

纽约市经常被认为是一个寄生城市，依靠其他大型工业城市创造的价值生产为生。但它实际上是一个创造了大量价值的城市。餐厅员工这一类的就业人数大幅度增加了，这与总价值产出的增加相对应。这类行业在很大程度上是劳动密集型的，它们最终可能会被人工智能所取代，但现在，它们仍然是非常重要的就业中心。40年前，就业主要依赖大型汽车工业和钢铁工业，因此在当时通用汽车、福特等企业很重要；而现在最大的劳动力雇主是肯德基和麦当劳的连锁店，这是寻找新工人阶级的关键场所之一。但是这些工人很难被组织起来，因为在这些地方的很多劳动力都是临时性的，人们在那里工作一段时间然后就离开了。不过我们现在看到了一些组织这些劳动力的可能性，特别是在社交媒体上。这为政治运动提供了一些可能性。

前几天我想到了另一件事，觉得那也是一种可能性。离开达拉斯机场时，我从飞机的窗户向外看，我看到了机场上的工作人员。我突然想到了所有在机场工作的人。在马克思的理论中，运输是可以生产价值的。因此，所有参与运输行业的人，那些帮着把人和商品从世界的一个地方运送到另一个地方的每个人，实际上都是生产性工人阶级的一部分。当你看这里所涉及的劳动种类时，会发现这包括了所有参与让飞机正常起飞的人、那些上下搬行李的人、那些组织我们上下飞机的人，还有那些维修和清洁飞机的人。

当我们审视那里的劳动力结构时，会发现他们的薪酬并不高，但却有一种非常奇特的力量。还有一点让我印象深刻，从那以后，我每次去机场都会思考这个问题——那些在美国机场从事实际运行工作的工作人员，他们大部分是有色人种，特别是非洲裔美国人，还有拉丁裔，以及一些最近从东欧和俄罗斯来的白人移民，还有职业女性。我突然想到，在这里我们实际上可以用一种有趣的方式来思考当代工人阶级的构成。这个阶级是由女性、非洲裔美国人和其他有色人种，以及移民（主要是拉丁美洲人和拉丁裔）组成的。在这个构成中，种族、性别和阶级的共同利益在一个层面上融合在一起，而他们的身份又始终不同。

这些人的收入如何？他们的生活有什么社会保障？他们的工资都很低，也没有很好的组织。所以我会幻想，假设机场的所有工人突然决定在某一天不去工作了，机场就会被迫关闭。假设洛杉矶、芝加哥、亚特兰大、纽约、迈阿密和达拉斯–沃斯堡的机场全都关闭了，除非所有这些工人的要求都得到满足，否则很快整个国家就会陷入功能性紊乱。特朗普认为在2019年1月将政府关闭一个月是个好主意。但后来有一天——我记得是在星期三——美国有三个机场无法运作，他们不得不取消从纽约拉瓜迪亚机场和另外几个机场起飞的大量航班。原因是空中交通管制员（国家雇员）无法继续工作了，他们已经几个月没有领到工资了，无法维持生计，所以很多人都没有来上班。有趣的是，在1982年，打击空中交通管制员是里根政府采取的反工会行动中的大动作之一。突然之间，特朗普和他的政府班子，还有其他所有人都意识到了，在三四天内，美国大部分机场将会被迫关闭。在美国关闭了机场意味着切断了资本的流动。机场的工作人员拥有巨大的潜在政治力量。如果机场的工人们联合组织起来，我们就不只要处理非洲裔美国人、拉丁裔和妇女之间的关系（这些现在构成了美国劳工运动的核心），我们还会看到这样一个劳工组织有可能对资本主义经济造成严重损害，除非其要求得到满足。那么问题来了：这样一个联盟会提出什么样的要求？很明显，增加工资，使人们可以过上体面的生活，有一个体面的生活环境。我认为，一场覆盖所有机场工人的运动将为具体建立工人阶级的政治力量，产生真正巨大的影响。

让我们回顾历史就知道这种运动的影响力了。在"9·11"事件之后，人们停止了乘飞机。但是大约3天以后，一切就都风平浪静了。然后我记得鲁道夫·朱利安尼（Rudolph Giuliani，当时的纽约市长）、布什总统在电视上说："请大家重新上街开始购物，重新开始坐飞机。"他们意识到，如果这个国家不真正恢复运转，就会出现严重的资本损失。虽然对"9·11"事件的直接反应是关闭一切运转，但是紧接着我们发现的是这种迫切的推动力，让我们重新开始工作和恢复社会活动。

然后是冰岛火山的喷发。喷发造成空气中飘浮着大量的火山灰，跨大西洋的航班大约有10天不能正常通行。在那段时间里，几乎不可能从纽约飞到伦敦，除非先去里约热内卢，然后飞到马德里。而我想说的不是真正的火山爆发，而是机场工人的"火山爆发"。但要做到这一点，机场工人必须意识到：第一，他们有很多共同的利益、很多共同的需求，他们希望努力表达并赢得胜利；第二，他们会利用彼此之间的共同点来提出这些诉求，他们也建立了一种力量的共性、一种能够关闭整个系统的巨大力量。在过去，矿工、汽车工人等也曾威胁用罢工来关闭整个系统，有时候他们也这么做了。现在这种力量存在于其他领域，而且也同样有效。

劳动力的构成已经发生了变化。如果能有一个组织将所有的餐馆工人聚集在一起，而不仅仅只是组织快餐店的工人，那将是一件非常好的事情。当然，将快餐店的员工们聚集在一起已经是一个很好的开始了。我们开始思考当代工人阶级时，首先想到的不再是汽车工人，不再是矿工。在英国，传统工人阶级的政治核心曾经是矿工工会。这个工会基本上被撒切尔夫人（反正她讨厌矿工）的一系列举动摧毁了。现在英国的煤矿开采基本上已经关闭，传统的工人阶级政治几乎消失了。

面对这段历史时，我们必须考虑全新的劳动力结构。这些新的劳动力结构能在生产活动中发动斗争。然而，这种生产环节中的斗争与我们现在的生活方式并不脱节。所以实现环节同样具有非凡的意义。在机场工人的案例中，我们谈论的是，越来越多的人现在需要乘飞机，航空业正在以非常快的速度扩张。

这也是以某种生活方式的发展为前提的。在这种生活方式下，我们想象自己只要有钱就可以飞越大西洋，飞到任何地方，我们就可以自由行动。旅游业把航班和住宿打包起来，是全球经济中增长最快的领域之一。这又是一种生活方式。当然，这种生活方式也带来一些后果，其中一个我们应该真正关注的是全球变暖和温室气体排放。一次横跨美国大陆的飞行相当于许多辆（我不知道具体的数字）汽车全年的气体排放量，这是温室气体的一个主要来源。现在，我们想继续这种以空中交通为中心的生活方式吗？所以这里的重点是，就促进这种新生活方式的兴起而言，空中交通的增长正在创造一个工人阶级，但空中交通的增长本身陷入了马克思所说的生产与实现的矛盾统一中。

实现与生活方式的问题，以及新的愿望、需求和欲望的生产有着非常紧密的联系。旅行的愿望、需要和欲望，去世界的A地而不是B地的愿望、需求和欲望，这些都是与之相关的问题。在这里，我们关注的是现实世界，新的愿望、需求、欲望和生活方式的生产，以及生产环节之间的关系。因此，我们关于生产的组织方式，与我们想实现的事情有关。我们会惊讶地发现，当代经济很多是围绕着大海、沙滩、阳光和性这些元素，以及在田园风光中实现完全浪漫的幻想而构建的。

社会再生产领域也出现了同样的问题。在20世纪40年代，我还是个孩子，生活在英国，我们所有的饭菜都是在家里做的。只有星期五父母会派我去商店（商店只有在周五开门）买炸鱼和薯条（我们必须自己带报纸来包裹这些食物），其他食物我们都是在家做的。现在，世界上许多地方的餐饮已经变得商品化和市场化了。很多人不在家里做饭，他们可以从当地餐馆买外卖——Grubhub①等软件让人们购买在其他地方准备的食物。这种做法正在迅速变得流行。

我上次在中国时，惊讶地看到许多人骑着电动自行车到处送食物，也就是中国的外卖。这是在中国！这是食物准备环节市场化和商品化的标准过程。这也许是一件好事，也许不是，我们可以讨论它的对与错，但我认为最重要的是谈论这种生活方式。这些超大型外卖组织的生产和发展基于汉堡王和麦当劳等快餐行业，这对在美国的每个人的日常生活产生了巨大影响。综合考虑这些东西，我们必须承认，一种生活方式的特性，以及供应的方

---

① 译注：Grubhub成立于2004年，是美国一家大型食品配送公司，被称为"在线外卖鼻祖"。

式和原因，正在从根本上重塑社会再生产的过程。

　　过去，主要是女性在家中烹饪食物，她们基本上被困在厨房里。现在，如果女性不在家里烹饪食物，这实际上对性别歧视造成了打击，现在由于人们在快餐店用餐或订购日常食物，厨房劳动量大大减少。这种社会再生产中女性劳动的解放，使得越来越多的女性能够成为劳动力（例如在机场工作等）。这并不意味着家务劳动消失或围绕这些家务的性别歧视不会持续存在。但是，在过去的一代中，与实现政治和劳动分工有关的社会再生产已经被彻底改变。

　　在讨论这些问题的时候，当我们提出"该怎么做？"这样的政治问题时，我们实际上必须问自己，对于这些新的生活方式的兴起，我们应该做些什么？对于围绕快餐和机场以及物流领域出现了某种强大的劳工组织形式，我们应该做些什么？我们要以什么样的方式来调动这些新兴劳动力的力量，来实现政治目的？我们必须设想社会秩序的转变，使其从完全围绕资本积累和资本结构的事情中脱离出来，变得更加社会化、更具合作性，并且更少参与有关资本积累的快速扩张。但如何做到这一点是个大问题。

第十四章

# 碳排放和气候变化

在我生命中的一些时光里，我学到的东西会改变一切，让我重新思考很多立场。有时是理论：我经常仔细思考马克思的话语，并从中得到新的启发。而在其他情况下，我也可能从一条信息中学习。

大约4个月前，我偶然发现了一份资料，读完让我大吃一惊，也使我重新思考了我的很多立场。在美国国家海洋和大气管理局（NOAA）发布的图表中，有张图描述了过去80万年来大气中的二氧化碳浓度。80万年似乎是一段很长的时间，但从地质上讲，它并没有那么长。但另一方面，它也足够长，可以捕捉到全球变暖和变冷的阶段。在过去的80万年中，大气中的二氧化碳浓度从未超过300ppm。事实上，在这80万年里，它一直在150ppm和300ppm之间波动，最高点是300ppm。但在1960年之后的某个时候，二氧化碳浓度达到了300ppm。然后在过去的60年中，它从300ppm上升到了400ppm以上。这是一个巨大且非常快速的增长，远远超出了过去80万年所发生的状况。

我一直关注着二氧化碳浓度飙升产生的原因及其所造成的影响。如果唐纳德·特朗普得知此事，他将废除发布这份文件的美国国家海洋和大气管理局，或者至少指示它不得再发布这类信息。但是，这令人难以置信的数量意味着大气中的二氧化碳含量已经非常高，而且几乎可以肯定的是，这对人类继续以目前的方式居住下去是不利的。地球上所有的冰不会在一夜之间全部融化，这需要50年，也许100年，这些冰会一直融化，直到全部化完为止。我们的海平面会快速上升（格陵兰岛的覆盖冰层已经在减少），喜马拉雅山脉的积雪将消失，这意味着印度河和恒河在一年中的某些时候基本上会流干。整个印度次大陆都将出现长期干旱，世界其他地区的气候也将会有巨大的转变。

这400ppm是从哪里来的，到底发生了什么？我们必须首先承认关于气候变化动态的其他东西，那就是它的失控特性。这种特性意味着如果气候变化使北极永久冻土融化（这已经在发生了），那么融化了的永久冻土将释放甲烷气体（这是一种远比二氧化碳更致命的温室气体），从而导致更急剧的气候变化。

美国国家海洋和大气管理局的数据改变了我对气候变化的态度，以及我们应该如何应对的想法。在这里，我必须回过头来谈谈我在过去60年里对环境问题和环境议题的总体看法，从我第一次意识到环境问题开始谈起。

当我还是个学生的时候，有很多关于地球正在耗尽可利用且可持续的资源的讨论。在20世纪五六十年代，当时人们最担心的资源是能源——尤其是石油等化石燃料消耗殆尽的可能性。在整个60年代，关于这个话题有进一步的煽动性讨论，而到了1970年（第一个世界地球日的那一年），人们大量关注自然资源的增长极限。当时的讨论还包括了污染问题和把地球作为废物堆积地的问题。有大量的文献表明，地球的环境容量不是无限的，环境危机迫在眉睫。

第一个世界地球日意味着甚至连美国企业都开始意识到可能存在环境问题了。《福布斯》杂志出了一辑有关环境资源有限性的特刊。第一篇文章是理查德·尼克松总统写的，他说我们必须关心环境，不能总是支配它。政治力量也承认了在环境保护上可能存在一些问题。《福布斯》杂志提出了一些很棒的想法，特别是在城市化方面。它提出了新城市的设计方案，在新城市周围种很多树——这些方案中有许多我们现在称为企业的"漂绿"①的痕迹。

但这个运动中有一个更激进的派别，他们将问题归咎于资本主义。针对加利福尼亚州圣巴巴拉海岸发生的石油泄漏，那里的大学生们将一辆雪佛兰车埋在沙地上，作为对过度使用和依赖化石燃料的象征性的抗议。在1970年的第一个世界地球日到来之前，发生了许多动乱。许多人对食物链的质量、空气质量等问题感到不安。但是，在巴尔的摩市举行的世界地球日活动中，令我印象深刻的是，在这样一个一半人口为非洲裔的城市，几乎没有任何非洲裔人出现在活动现场。出席的观众全部都是白人中产阶级。在参加世界地球日活动的同一周，我去了巴尔的摩的左岸爵士俱乐部，这是一个以黑人为主的机构，周围只有少数白人。音

---

① 译注：漂绿（greenwashing），意指虚假的环保宣传。

乐很好听。那次的音乐家们谈到了环境问题，赢得了观众的热烈欢呼。他们认为对于环境问题来说，"我们最大的环境问题是理查德·尼克松"。很明显，不同类别的人在界定什么是环境问题方面存在巨大差距。

这段经历让我对很多环保主义者的言辞感到非常紧张。特别是，我反对环保主义运动的其中一派，它宣称世界末日即将来临，世界将耗尽资源，一切都将陷入环境灾难。我一直抵制这种世界末日式的演绎，这并不是说我认为环境问题无关紧要，或者在某些方面并不严重。事实上，我认为环境问题和我们息息相关，需要妥善处理。只是，我不同意当时和后来一直存在的很多关于世界末日的看法。摒弃世界末日观念，我们会认真对待并管理环境问题。我们通过监管和监督等行为来处理空气、水污染和碳排放，而不会陷入一种"如果我们无法在明天完成这一切，世界就会崩塌"的恐慌。

早在20世纪70年代，经济学家朱利安·西蒙（Julian Simon）和环保主义者保罗·埃利希（Paul Ehrlich）打了个有名的赌。保罗·埃利希坚持认为世界人口过剩，而我们将耗尽资源，粮食供应将减少，我们正在招来灾难。但朱利安·西蒙不认可这种说法，所以他们打了个赌。朱利安·西蒙说，10年后，我们将看到所有基本商品的价格都将低于现在的价格，这表明环境中不存在严重的固有稀缺问题，埃利希接受了这个赌注。10年后他们查看了所有商品价格，朱利安·西蒙赢了。

在那以后，有人指出埃利希输掉了赌注是因为他不应在1970年开这场赌局。换句话说，如果你在商品价格特别高的时候开始打赌，那么在接下来的10年里，商品价格很有可能会下降。如果你在商品价格低的时候开始，情况就会相反。正如后来有人指出的那样，如果你在1980年开始打赌，看看1980年到1990年之间的价格的变化，会发现埃利希的说法是正确的。因此，"我们是否处于困难的环境状况中"这个问题已经存在了很长时间。有些人认为环境有几乎无限的能力来消化人类正在做的事情，而那些持世界末日观的人认为环境会崩溃。马尔萨斯在200年前打赌说，全球人口的复合增长将不可避免地遇到自然资源的极限，从而导致国际饥荒和贫困，以及社会退化、暴力和战争。

关于这一切的争论由来已久。我一直认为我们应该认真对待环境问题，但我对关于世界末日的情景想象深表怀疑。不过，当我看到400ppm的二氧化碳浓度，对比在过去80万年中没有出现过超过300ppm的情况时，我的这种看法真的改变了。这个400ppm多的数字表明，我们应该关注和控制的不是碳排放的速度，而是大气中已有的温室气体浓度的绝对水平。目前的浓度水平肯定会造成沙漠化加速、全球气温迅速上升、海平面迅速上升、极端天气发生的频率越来越高，等等。这说明我们最近主要讨论的限制碳排放率的政策必须改变。

减少现有的温室气体（二氧化碳和甲烷）浓度是一个紧迫的问题。在第九章中，我讨论了在思考这个世界时，从增长率和绝对变化量这两个不同角度来思考的区别。我提到了这样一种情况：如果你的基数非常低，你可以在几乎没有影响的情况下获得非常高的增长率；如果基数非常大，那么很小的增长率也可以产生巨大的增量。

我们不能把讨论局限在限制变化率上，而是要重视现有的量。我们需要考虑如何尽可能多地从大气中提取二氧化碳。这个过程部分是通过将二氧化碳吸收到海洋中自然完成的，在那里二氧化碳被贝类变成贝壳等东西，这是一种自然的吸收方式。但我们需要想出通过农业吸收碳的方法。当代温室气体问题的根源所在是聚集于地下的碳的释放，以及前几个时代储量的释放。如果我们要回到300ppm的世界，我们从地下开采的碳需要放回地下，它最初来源于植被，某种程度上也源自甲壳类动物。我们已经从地下获取了所有储存的能量，现在将其释放出来。我们现在需要认真地讨论如何将400ppm的浓度降低到300ppm，找到将二氧化碳从大气中"带出"并返回地下的途径，这是解决问题唯一方法。

途径之一是重新造林。但这也只能造出新生长的森林。在世界范围内重新造林将减少大气中的二氧化碳含量。现在已经有很多重新造林的计划正在进行，在北半球，森林覆盖率出现了净增加。我们最需要关注的地区是亚马孙、苏门答腊、婆罗洲和非洲的热带雨林，它们都遭到了难以置信的破坏。悲剧的是，亚马孙地区和东南亚地区的森林砍伐正在持续加速。在巴西上台的博索纳罗与唐纳德·特朗普相同，他不相信任何气候变化的说法，认为那些都是胡说八道。所以他们实际上扩大了对亚马孙地区的破坏，以便将其开放给大豆种植、牛养殖和其他类似的产业。因此，保护热带雨林和植树造林是政治斗争中的一个关键领域。

我们还有另一种选择。不过我不是这方面的专家，我也是最近才接触到这个，不过你们可以去研究一下这个领域。据说有一些种植形式可以吸收二氧化碳并将其输送到地下。现在，我们可以把二氧化碳放置在地下15厘米，但如果我们持续深耕，通过这种方法放置的二氧化碳会被再次释放。我们必须从根本上改变农业技术和农业工艺。但也有一些农作物将二氧化碳放到地下15厘米，然后把二氧化碳带到地下深处，这意味着有一个深根系统，可以把二氧化碳置入深处。如果我们能够培育出这种作物，那么我们就可以启动从大气中提取二氧化碳、再将其放回地下的工程。

这种可能性非常重要。但是要怎么做才能让农民开始这一行动呢？而这样的技术需要什么，对农业会产生什么样的影响？我们在这里看到了希望的迹象。欧盟和美国在实施一些项目，即向农民支付报酬，让他们不要种植任何东西，因为存在农业盈余。

这意味着让一些土地停止生产。那么，与其付钱给农民让他们什么都不种，为什么我们不付钱给他们种植能真正把二氧化碳放回地里的那种作物？但是，为了使大气中的二氧化碳浓度从400ppm下降到300ppm，我们必须做多少这样的事情？我不知道，但我们需要对这样的技术和工艺展开部署。因此，在温室气体的问题上，我们需要认真考虑如何将二氧化碳从大气中取出并放回地下。另外一种未来主义方式是设计和建造巨大的碳提取机器，将碳埋到地下。

正是以这种方式，过去80万年的二氧化碳浓度图表改变了我的世界观。我本来以为我们可以用正常的技术和合理的干预措施来管理气候变化的问题，但现在我认识到我们需要彻底改变所有的思维方式以及所有的行为和生活方式。我们不仅要减少化石燃料消耗、减缓碳排放的速度，从现在开始，我们还需要更认真地思考如何找到将二氧化碳带出大气层并将其放回地下的方法。

我们需要更认真地思考气候变化问题和二氧化碳排放问题，并思考如何控制和遏制这些排放的持续增长，特别是在世界各地的所有新兴市场。但是，当美国、英国或欧洲的政府说"你们不应该这样做"时，这些国家开始抱怨。他们的反应其实是正确的："你们这样做了100年，才发展到现在的地步，那么为什么我们不应该在未来100年也这样做？"来自印度、巴西和土耳其等国的碳排放量都在增加。我们需要找到其他的方法来构建经济发展，而不是靠不断增加碳排放和消耗化石燃料。

这是一个紧急的情况，需要从思维上以及经济、政治实践中加以解决。但是我们需要注意，在所有这一切的背后最大的问题是资本积累。毕竟，是资本积累的驱动力要求他们以这样的方式发展。如果说2007、2008年之后的全球资本主义在很大程度上是新兴市场（他们参与了这种激进的扩张，使温室气体排放激增）所拯救的；那么我们的情况是，资本主义的生存取决于所有这些国家的扩张性的项目，其代价是二氧化碳排放量迅速上升。但我现在坚持认为，大气层中既有的二氧化碳浓度才是问题所在，国际社会必须尽快解决这个问题。如果不质疑这一切背后的驱动力，即无休止的、复合的资本积累率，那这个目标就不可能实现。

第十五章

# 剩余价值率与剩余价值量

马克思《资本论》第一卷的第一章向我们介绍了价值的概念。根据马克思的观点，价值是社会必要劳动时间。在我教这一卷的时候，总会有学生突然跳出来问我："如果一家公司不雇用任何劳动力，那会发生什么，这是否意味着他们不生产价值？"考虑到人工智能将接管大量人类劳动活动的想法越来越可能成为现实，这个问题近年来变得越来越重要。这是一个完全合理的问题，但它有一个耐人寻味的答案，我想花一点时间来思考一下。

在《资本论》第一卷后面一些的章节中，马克思研究了剩余价值率和剩余价值量之间的关系。他问：资本家对剩余价值量更感兴趣，还是对他们获得它的速度更感兴趣？许多熟悉马克思的人倾向于认为资本家最关注的是剩余价值率，因为他们知道马克思在第三卷中强调了利润率下降的问题。但是在《资本论》的第一卷中，马克思主要关注的是剩余价值量，因为正是剩余价值量赋予了资本家权力。提高剩余价值率被简单地看作是增加剩余价值量的一种手段。

马克思在那一章①中展开讨论了另一个矛盾点。因为我认为马克思对社会必要劳动时间取决于技术性质和劳动过程性质的方式非常警觉。他在这一章的末尾指出，不同资本所生产的价值量

---

① 译注：参见［德］卡尔·马克思：《资本论》（第一卷），人民出版社2018年版，第351–361页。

和剩余价值量是如何根据它们所雇用的劳动而变化的。这是一个矛盾的信号。他写道："每个人都知道……纺纱厂主使用的不变资本较多，可变资本较少，面包房老板使用的可变资本较多，不变资本较少，但前者获得的利润或剩余价值并不因此就比后者少。"①

"要解决这个表面上的矛盾，"马克思继续说，"还需要许多中项。"②当马克思这样说时，你就知道在他其他的大量作品中，会找到这个特殊矛盾的解决方案。即便不是解决方案，也至少能解释这个矛盾背后的原理是什么。

我们也知道，马克思在写《资本论》第一卷的时候，就已经写了很多的笔记，后来这些笔记成为了《资本论》第三卷的基础。因此，让我们立即去看第三卷，看看他对此有何评论。马克思在关于利润率平均化的一章中给出了答案。资本家在市场上工作时，关心的是利润率，而不是剩余价值率，剩余价值率衡量的是生产中对活劳动的剥削。由于资本家在利润率方面相互竞争，从长远来看，利润率会趋同，并且产生一个适用于所有公司和企

①②　译注：［德］卡尔·马克思：《资本论》（第一卷），人民出版社2018年版，第355页。哈维引文的用词与《资本论》（英文版）不完全一致，哈维的capital（资本）、labor（劳动）、labor power（劳动力）、means of production（生产资料）分别对应《资本论》（英文版）的constant capital（不变资本）、variable capital（可变资本）、variable capital（可变资本）、constant capital（不变资本）。

业的标准的利润率，无论它们是否雇用了大量的劳动力。

如果情况真的是这样，那么实际上会发生的是，那些从事劳动密集型生产的公司、企业和地区会将价值转移到那些从事资本密集型生产方式的地区、企业和社会阶层。换句话说，价值从劳动密集型生产转移到资本密集型生产。这有时被称为一种"资本主义的共产主义"（capitalist communism）的形式。规则是这样的：由资本家之间根据他们所雇佣的劳动的量来分配利益，转变为根据他们所投入的资本来分配利益。由此，补贴从劳动密集型的生产形式和经济体，流向资本密集型企业和经济体。这种价值转移产生于市场上利润率的竞争，这是完全竞争市场①的结果，也是马克思最重要的发现之一。

这就提出了一个有趣的问题：如果你是一个决策者，你必须决定你想要哪种工业化，你想要劳动密集型还是资本密集型？答案是，如果你选择劳动密集型，你将会转移价值到资本密集型的经济形式中。一个明智的决策者会说，我不想用劳动密集型产业来实现工业化。

我认为在这个问题上，新加坡作为一个经济体就是一个很

---

① 译注：完全竞争市场是一种理想的状态，指的是市场上存在大量的具有合理的经济行为的商家和顾客。商家生产出来的产品没有差别，可以互相替代。在这种情况下，商家和顾客都具有充分掌握市场信息的能力和条件，市场上不存在不确定性。

好的例子。新加坡在20世纪60年代初被赶出马来西亚联邦，当时它必须弄清楚自己要做什么，以及制定什么样的工业战略。新加坡的决定是，它不打算从事香港和其他地方的那种劳动密集型产业，而是从事资本密集型的产业。它也这样做了。新加坡是一个非常好的例子，说明了从事资本密集型生产形式的优势。这就解释了为什么许多通过劳动密集型工业化进入世界市场的经济体，要么还是同样的贫困（如孟加拉国），要么寻求向资本密集型经济形式转型（如日本、韩国、中国台湾地区和现在的中国大陆）。

　　这种经济形式的转型和随之而来的补贴是我们需要研究的。通过利润率的平均化，我们实现了将价值从劳动密集型经济体和公司，转移到资本密集型经济体和公司。这种转移是持续性的，因此有助于解释为什么当低生产力经济体陷入与高生产力经济体竞争的境地时，最终低生产力经济体生产出来的价值会补贴到资本密集型的经济体上。例如，当希腊加入欧盟时，相对于资本密集型经济的德国而言，希腊是劳动密集型、低生产力的经济体。最后希腊补贴了德国。这对德国人来说是一个巨大的冲击。因为德国人流行的观点是，他们借给贫穷的希腊人钱是因为希腊人懒惰、无所事事、文化上落后。不，希腊的问题在于他们低生产力的劳动体制。这意味着无论他们如何努力工作，他们创造的大部分价值都会被倾向于使利润率平均化的自由市场机制吸收到德国。自由贸易根本就不是公平贸易。

这就是经济的运作方式。现在，我们开始目睹了一些非常重要的现象，那就是关于资本密集度的斗争：哪些经济体被允许成为资本密集型经济体。稍后我会再来讨论这个机制，但这里的基本情况是，中国长期以来一直依赖劳动密集型经济，但它在向资本密集型经济转型。如果中国这样做了，那么从中国补贴到欧洲和美国的资本密集型经济体的价值转移就会减少。特朗普和中国之间正在进行一场关于知识产权和技术的战斗。技术当然是资本密集型经济体的仆人。美国正试图阻止转让技术知识到中国，以使中国保持劳动密集型经济的状态，而美国可以从中获利。但中国不能再维持劳动密集型的现状，部分原因是人口问题——他们遇到了劳动力短缺的问题，部分原因是与市场性质有关的其他因素。

劳动密集型的生产形式正在从中国转移到柬埔寨、老挝、越南，甚至孟加拉国。在这里，我认为看一下新加坡和孟加拉国的发展轨迹，这对我们的讨论很有帮助。新加坡选择了资本密集型的道路，而孟加拉国则选择了劳动密集型道路。我们马上看到，孟加拉国是一个陷入困境的经济体，它的经济状况很糟，尽管它因为雇用了大量的劳动力而产生了大量的价值。另一边，新加坡虽然没有雇用那么多劳动力，但正在获得大量价值。价值正在从孟加拉国和像孟加拉国这样的经济体转移到新加坡类型的经济体。美国和中国之间目前关系紧张，部分原因也在于资本的转移。

这个问题的重要性在马克思主义圈子里得到了普遍的承认。但迈克尔·罗伯茨（Michael Roberts）最近在他的网站上抱怨说，近来的马克思主义经济学家极大地忽视了一个问题，即价值从技术水平较低的贫穷资本主义经济体向富裕的帝国主义经济体转移。那么，从这种由劳动密集型向资本密集型行业和经济体的价值转移中，我们会发现什么？我们看到的是，那些资本密集的地区倾向于吸引更密集的资本。瑞典经济学家冈纳·缪尔达尔（Gunnar Myrdal）很早就发现了这个现象。他指出，在自由贸易和利润平均化的条件下，由于存在一些机制，富人区变得更加富有，而穷人区要么停滞不前，要么变得更贫穷。缪尔达尔称之为"循环和累积因果关系"。之所以发生这种情况，是因为资本不可避免地被吸引到有活力的行业、城市和地区，使那些没有活力的行业、城市和地区流失了财富、人口、资源、人才和技能。

马克思甚至在更早的时候就注意到了这种发展变化。我在这里引用他在《资本论》中的话："交通……便利的情况以及由此而加速的资本周转，反过来既使生产中心又使它的销售地点加速集中。随着大量人口和资本在一定的地点这样加速集中，大量资本也就集中在少数人手里。"①我们在资本主义经济中所面对的是一种"吸吮声"②，它反映了世界上的价值是如何聚集在具有巨大资本密集度和技术优势的领域。当今关于资本主义经济的评论都是大型都市中心（如纽约、芝加哥和旧金山）吸引了所有的人才和资本。这些地方从而成为了资本主义动力和资本主义增长的中心，也将变成个人创造巨大财富的地方。例如，美国大约三分之二的GDP是在十几个最大的大都市中心里创造的。大都市已经像一块让人无法抗拒的磁铁，吸引着资本和人才。

这是一个有趣的过程，因为古典经济学家以及后来的新古典经济学家，都把他们的论点建立在完美运作的市场以及其所谓的中立性、内在的平等和公平上。但是你现在看到的是，当利润率平均化时，完美运作的市场会变成不公平的市场。换句话说，利润率的平均化破坏了市场系统公平性的假设。我们甚至可以进一步说，也许资本主义制度最不公平的组织方式是创建一个市场体系，通过这个体系实现利润率的平均化，因为它看起来好像是平等和公平的，但其实不然。这是一个典型的案例，充分展示了

---

① 译注：［德］卡尔·马克思：《资本论》（第二卷），人民出版社2018年版，第278页。在"加速的资本周转"后，哈维的原文省略了一个括注，即"（就资本周转取决于流通时间来说）"。

② 译注：1992年美国总统选举候选人罗斯·佩罗（Ross Perot）提出了"巨大的吸吮声"，以此来比喻北美自由贸易协定将会让墨西哥吸走几百万个就业岗位。

"没有什么比平等对待不平等的人更不公平的事情了"。利润率的平均化导致了财富和权力的地域发展不均衡。

那么，我们什么时候才能实现利润率的平均化？我们需要从历史的角度来看待这个问题。马克思认为，利润率的平均化造成了不公平的贸易结构。在这种结构中，富裕地区越来越富；贫穷地区越来越穷，富国越来越富，穷国越来越穷。新古典主义经济学家的论点是，自由市场是公平贸易，因此他们会产生平等主义的结果；而马克思的论点是，不，这样会产生高度集中的财富和特权形式。因此，利润率平均化将加剧地区、国家和社会之间的不平等。

在马克思写作的时候，还没有一个很好的系统来使利润率平均化，因为对许多商品来说，运输成本非常高，有很多关税和贸易壁垒。在19世纪60年代，即使在本地，利润率平均化的能力也没有那么强，更不用说在国际上了。但由于通信和运输的革新，这个能力开始变得更强大——铁路、轮船和电报的出现意味着世界各地主要商品的价格至少可以实现均等化。伦敦的商人可以获得有关布宜诺斯艾利斯、敖德萨和芝加哥小麦价格的信息。因此，通过运输和通信，他们会获得一个更接近于平均值的利润率。但是，我们后来看到的是全球贸易体系的构建，在这种体系中，利润率的平均化并不是一个优先事项。例如，布雷顿森林协议是一个资本不能轻易在世界范围内流动的协议，因为存在资本管制。美国经济不是封闭的经济体，但是它是相对封闭的，因为资本很难进出美国。

在那个时候，可以合理地将美国经济本身看作一个独立的经济体。工人在这个经济体中为利益而斗争，而工人运动在其中发挥作用。这个经济体内的生产组织甚至可以具有垄断特征。所以，如果你读过保罗·斯威齐（Paul Sweezy）和保罗·A. 巴兰（Paul A. Baran）关于垄断资本主义的经典著作[1]，他们会说底特律是垄断资本主义的一个非常好的例子。在那里，只有三家主要的公司主导价格，并且互相干涉。但就斯威齐和巴兰而言，这就是他们在讨论垄断结构时会使用的典型例子。在20世纪60年代，德国和日本公司还没有参与竞争，它们在晚一些的70年代和80年代才参与进来。

劳工们在美国内部争取自己的利益，就像在英国、法国和德国的劳工在各自的国家所做的那样。我们可以谈论德国工人阶级、法国工人阶级、英国工人阶级和美国工人阶级。这些工人阶级中的每一个都可以在既定的范围内寻求利益。由于资本管制，他们在很大程度上受到保护，不必与世界上其他经济体的劳工竞争。这种资本管制一直持续到布雷顿森林体系崩溃，

---

[1] 译注：指两人合著的《垄断资本：论美国的经济和社会秩序》，中译本有，［美］保罗·巴兰、［美］保罗·斯威齐：《垄断资本：论美国的经济和社会秩序》，杨敬年译，商务印书馆2021年版。

也就是1971年美元脱离金本位制的时候。此后，这些国家的劳工们突然发现自己不得不与世界上其他地方的劳动力竞争。在此之前，他们唯一的竞争来自其他地方的移民组织：德国从土耳其进口劳动力，法国从北非、从马格里布地区进口劳动力，瑞典从南斯拉夫和葡萄牙进口劳动力，英国从其昔日的帝国地区、南亚和西印度群岛进口劳动力，美国于1965年开放了移民系统。

在20世纪60年代，劳工的主要问题来自于移民，在当时移民被利用来试图破坏劳动法和劳动生产力。这导致了在欧洲许多工人阶级运动中兴起反移民情绪，这种情绪甚至在美国也出现了。当然，我们现在看到这种情绪在很大程度上重新兴起了。然而，在20世纪70年代，资本管制突然被取消，资本开始可以从世界的一个地方自由流动到另一个地方。资本管制壁垒的废除，加上运输成本的降低和通信的改善，使资本具有高度流动性。最后，特别是在20世纪80年代以后，我们开始看到利润率的平均化变得越来越显著。

因此我在这里提出的是，在19世纪的大部分时间里，直到布雷顿森林体系的终结，我们都缺乏实现利润率平均化的历史条件。但是自20世纪80年代以来，全球化的真正标志是发生了利润率的平均化。这意味着在这个时期，我们可能会看到更多的价值从劳动密集型经济体转移到资本密集型经济体。换句话说，劳动密集型经济体和资本密集型经济体之间的区别已经凸显出来。因此，这种经济体之间的区别现在已经成为斗争的焦点。一场激烈斗争正在展开，试图防止世界某些地区成为资本密集型的经济体。这就是美国现在在处理和中国的关系中所做的事情。

　　为什么美国对中国发生的技术转型如此不满？为什么两国会在知识产权问题上有如此大的斗争？而这也成了目前特朗普和中国之间的谈判中造成问题的主要因素。从历史上看，劳动密集型经济和资本密集型经济之间的对比并没有那么明显，尽管马克思在19世纪中叶撰写《资本论》时认为它在理论上很有意义，也很重要。但是，我们现在面临的情况是，马克思认为资本主义经济在纯粹状态下的一个可能的特征，现在实际上已经到来了。因此，这就是为什么我们会看到美国和中国之间在技术方面出现的这种紧急冲突。

第十六章

# 异化

异化这个概念在左派中有着曲折的历史。但是，今天我们想要重新提起它是有充分理由的。它对帮助我们理解政治与经济之间的关系非常重要。这个概念有着曲折历史，一部分原因是马克思早年喜欢谈论异化。在他写《1844年经济学哲学手稿》的时候，异化在他的思想中占有突出地位。但在当时，马克思对异化的定义基于我们的日常现实与我们（作为人）的物种潜能（species potentiality）不一致的想法。马克思在那些年对人性抱有相当理想主义的看法，这种理想主义支撑着他的类存在概念。他的论点是，资本正在阻止我们实现作为类存在所能实现的完美状况。这是一个理想主义的概念，一个乌托邦的概念，但在定义工人阶级的与资本统治相关的异化、损失和分离的主观感受方面，它发挥了非常重要的作用。

异化作为一个科学概念并不完全是没有必要的，但是它主要还是一个人文主义的概念，指的是人类在使用自己的能力试图融入市场体系中时，因为资产阶级掌握着权力而受到挫折。甚至对马克思本人来说，他早期著作中的这种关于异化的想法也是有问题的。到19世纪40年代末，马克思提出了一种不同的解释。他不再依赖于理想主义的类存在概念，而是更多依赖于对概念的历史审视，这将反映资本主义社会实际存在的关系。马克思寻求了一种更科学的方法，在这个方法中，异化作为一个理想主义的概念并不适合。由于这个原因，在马克思主义的历史中出现了一种消除异化的倾向，这在20世纪六七十年代越演越烈，阿尔都塞（Althusser）等人在理论上支持这种改变，而当时欧洲的共产党在政治上也赞成这种发展。在苏联推广的共产主义学说中，这种摒弃异化的做法也紧随其后。

从20世纪60年代开始，异化的概念在马克思主义内部被普遍抛弃［除了埃里希·弗洛姆（Erich Fromm）等马克思主义人文主义者］，理由是它不科学且无法验证。持这一观点的人认为异化不是社会主义和共产主义科学的一部分。但是，关于马克思本人在19世纪40年代后期放弃了异化概念，与他在1857—1858年撰写的《政治经济学批判大纲》中异化概念重新大张旗鼓地出现的事实不大相符。在《政治经济学批判大纲》中，马克思用非常不同的方式谈论异化，异化扮演了不同的角色，与他在《1844年经济学哲学手稿》中传达的含义相距甚远。

在《政治经济学批判大纲》中，马克思说的大概是这个意思：如果我们与属于我们的东西分离，我们失去了对它的控制，我们就和它之间产生了异化。马克思认为，从一个人到另一个人的交换行为，本身就意味着商品在被交易时发生了异化。异化具有技术上的含义。但这意味着，当你建立起对市场体系运作的理解时，这种技术含义就有了更广泛的意义。

在《政治经济学批判大纲》中，马克思研究了劳动者是如何与劳动过程异化的，这种异化表现在以下方面：他们受雇于资

本、生产商品，但他们实际上对他们所生产的商品没有任何权力
（power），对该商品中的价值也没有任何权利。劳动者的劳动
能力从其产品中异化出来。但这是一种技术性的异化，它的事实
基础是，劳动者创造的价值属于资本，商品属于资本。此外，对
劳动过程本身的控制也远离了劳动者。掌握工具和技能的劳动者
在确定产品的生产方式上面仍有一定的权力，但随着时间的推
移，机器的引入和工厂制的出现，劳动者就变成了机器的附属
品，与劳动过程和产品相异化。劳动过程、劳动产品和其中的价
值，都与劳动者相异化。在异化中产生了一项政治主张：我们应
该创造一种社会，在这种社会中，劳动者可以重新获得对他们生
产的价值和商品的权利。

但被异化的不仅仅是劳动者。马克思认为，资本家也遇到过
类似的问题。至少在资产阶级理论中，资本家是一个自由的司法
个体，被赋予了私有产权，在平等的市场体系中进行交易，正如
米尔顿·弗里德曼所说的，资本积累的起点是资本家可以"自由
选择"，并享受由市场交换带来的选择自由和平等主义。

然后，马克思必须回答一个问题，那就是这个他认为以平等
和自由的普遍性为基础的市场体系，是如何变成不平等和不自由
的，甚至对资本家也是如此。答案是，因为个体并不控制市场体
系。事实上，该体系迫使资本家从事某些类型的活动，无论他们
喜欢与否。

　　"竞争的强制规律"支配着个别资本家的行为，因此他们没有选择的自由。市场约束他们去做这个或做那个。马克思和亚当·斯密都持有这种观点。亚当·斯密认为，市场的无形的手有能力合并各种企业家的动机和欲望，而这一切对结果都不重要，因为是市场上那只无形的手在统治着一切。亚当·斯密单纯地假设了这个结果对所有人都有好处——马克思在《资本论》中果断地驳斥了这个结论。但马克思和亚当·斯密一致认为，资本家也会被他们的产品所异化。

　　在《政治经济学批判大纲》中，马克思解释了异化的劳动和异化的资本如何在劳动过程中相遇。这种双重异化是资本主义生产方式的基础。因此，异化是资本主义制度的核心。在构建资本批判理论的时候，它又是一个关键的科学概念。虽然阿尔都塞有一个非常有影响力的观点，他认为马克思在1848年经历了认识论的断裂[①]，当时他所使用的语言从包含异化这个概念，转向了不包含这个概念；但马克思在1858年重提异化这个概念，这表明了有一种方法可以把它带回我们对政治经济学的理解中。但是需要注意的是，马克思在1858年提出的异化概念和1848年的概念截然不同。

---

　　①　译注：阿尔都塞在《保卫马克思》中认为，马克思思想发展中的"认识论的断裂"体现在1845—1846年与恩格斯合著的《德意志意识形态》中。大卫·哈维文中的"1848年"应为笔误。

这一点在马克思的《资本论》中讨论工作日的章节①中表现得最为明显。我们在这一章里看到：资本家在一定时期内雇用劳动者的使用价值，作为具有创造价值能力的工具；劳动者把劳动力作为商品，获得了等价的交换价值；而资本家则延长工作日以创造支撑利润的剩余价值；剩余价值是被资本占有的劳动。这就是劳动者所经历的异化。

竞争的强制规律迫使资本家最大限度地剥削他们所雇用的劳动力。如果我每天只雇用我的工人6个小时，而其他竞争者以相同的工资每天雇用他们的劳动力8小时，那么我很快就会被淘汰出局。很快，所有资本家都会尽可能地延长工作日的时长，以便在竞争中胜过所有对手。无论他们是好人还是坏人，这种个别资本家之间的竞争迫使他们都最大限度地延长工作日时间，除非有某种机制可以阻止他们。这个机制就是用国家立法来控制工作日的时长。每个工作日工作10小时或8小时，或每周40小时的工作时间，为在劳动过程中、劳动和资本的双重异化所产生的剥削设置了底线。

但是，我们可以进一步探讨异化问题，探讨劳动者可以在多大程度上从劳动过程和他们生产的商品中获得满足？在这里，我

---

① 译注：参见［德］卡尔·马克思：《资本论》（第一卷），人民出版社2018年版，第267-350页。

们又回到了马克思在1844年所探讨的事物的主观方面。资本是由抽象的东西统治的。统治阶级的统治思想在很大程度上占据了主导地位，没有批评的余地。这忽略了工人的主观性，他们感到被剥削，觉得资本家既不欣赏也不尊重他们所做的工作。这种主观上的异化感又回来了。劳动者们从他们的就业环境中感受到了异化、从他们所做的工作没有得到足够的报酬中感受到异化，他们对生产过程没有任何控制权，因为这个过程是通过机器从外部遥控的。工人的时间被资本异化，因为时间制度是由工作条件决定的。总的来说，异化的条件潜藏在任何劳动力中，在工人们的阶级意识提高以后，他们很有可能在政治上就异化这个问题对现有制度进行反对。在这个时候，《1844年经济学哲学手稿》中所描述的异化的主观性又回到了我们的视野中，但这时候的异化不再是对我们所能达到的完美状况的异化，而是每天上班的磨难所产生的异化。我们工作很长的时间，却只获得微乎其微的报酬，没有得到尊严和尊重是对我们最残酷的打击。因此，劳动条件很可能会引起强烈的政治上的异化感。激烈的反资本主义不满情绪兴起了，要求我们在思维和政治中重新点燃和振兴异化的概念。

异化具有强大的主观后果。我们很难想象有生产能力的劳动者在感到异化的情况下还会大力地支持劳动。异化的主观感受使得劳动者把从劳动中获得的满足感和劳动本身割裂开了。这不是说工人在工作中没有任何满足感，劳动过程可以由工人自己来组织，使整个过程变得有趣，以此使工人产生个人价值感。工人们常常对他们所做的工作表现出一种自豪感。你会发现在资本雇用下的劳动力也会产生某种程度的满足感，而且资本家们也研究出了一些策略，试图通过在劳动力之间，或在劳动力与主管和资本家之间发展出某些社会关系，来鼓励所谓的"X效率"①，以此作为对异化的弥补。例如，在20世纪70年代，汽车制造业中建立了"质量小组"，工人们聚集在一起，自己决定如何组织他们的车间劳动。工作小组之间的友好竞争使工作场所充满活力。在这种情况下，工人可能会因为主观条件的改变而觉得没有那么强烈的异化感，即使潜在的客观异化仍然存在。

然而，在大多数情况下，人们对资本主义下的劳动过程条件深感不满。有调查表明，大约50%或70%的美国劳动者对他们的工作不感兴趣、漠不关心，甚至讨厌他们的工作。这是资本主义劳动过程的本质，因为资本家的自由选择并没有比劳动者多。机械化和自动化的生产层出不穷，所以工人不能从中从事有意义的创造性活动，也没什么有趣的事情可以发挥。资本家被迫引入这种生产方式，因为有利可图。那些在20世纪七八十年代出现的质量工作小组后来消失了，我认为，伴随着汽车公司之间的竞争加

① 译注：X效率（X-efficiency），指从成本角度衡量生产效率的指标。X效率理论强调人在生产过程中的作用。

剧，这件事情的发生并非偶然。资本无法自由选择它的生产技术应该是什么；在劳动者进入工厂大门时，资本也无法自由选择强加给劳动者的劳动条件是什么。

当然，除此之外，我们还需要认识到新的劳动分工的出现所带来的影响。这还伴随着许多工业相关工作的消失，以及服务和警卫类工作的兴起，这些工作没有真正的内容，也不能提供物质上的满足感。随着劳动过程受到自动化的影响，最近又受到人工智能的影响，令人们满意的工作结构的出现似乎变得越来越不可能。事实上，我们可以将社会上发生的事情大致分为两类劳动：一类是更具挑战性的脑力劳动，另一类是工业中的常规体力劳动和许多服务行业（如银行业等）的常规劳动。

我们需要仔细研究当代的劳动条件中存在多少异化。人们的工作失去规律性，也变得越来越不稳定。与多年前相比，今天是否存在广泛的、越来越多的异化感？人们对劳动过程的满意度是否有所下降？在什么意义上，我们会认为，社会主义经济的出现将试图最大限度地减少异化劳动，将异化的工作简化为自动化的工作，人工智能将其全部取代，因此我们不再需要人们做无聊的日常工作。这将腾出时间让每个人都能够做他们想做的事。社会主义社会的一大标志是每个人都有充足的空闲时间，人们从欲望和需求中解放出来，发现自己能够生活在马克思所说的那个世界中，"在这个必然王国的彼岸……真正的自由王国，就开始了"。这意味着如果我们可以拥有所有的必需品，通过自动化完成所有的异化工作，将异化工作减少到每周几个小时。那么在剩下的时间，我们就可以以我们想要的方式，做我们想做的事。

马克思正是以这种方式，在《政治经济学批判大纲》中重新论证了劳动过程中的异化。虽然异化这个词在马克思的《资本论》中并没有出现太多次，但异化的事实却无处不在。马克思关注的是工人何以变成机器的附属品，他们从控制生产资料到被生产资料所控制。马克思还谈到了与工作日设置方式相关联的异化，他从劳动过程的决策角度讨论异化这个概念。实际上，他默默地重新提出了他在《1844年经济学哲学手稿》中所诉诸的范畴。他强调了劳动者无法控制劳动过程：他们不控制商品的价值，也不控制他们生产的属于资本的商品。异化概念是很重要的，除此之外，还有与自然的异化关系。自然界中的开采主义正在加速发展。资本不受控制地破坏了其自身财富的两个主要来源：劳动者和土地。

在《1844年经济学哲学手稿》中描述的所有异化的形式，我们都可以在《资本论》中找到，但它们现在已经融入到对资本积累的科学理解中。劳动者和资本家都被异化了，他们被抽象和资本的运作规律所驱使，而这些抽象和资本的运作规律受到统治阶级的统治观念的盲目崇拜和物化。这是有关于异化的故事的一个部分，我们需要认识到，这在当今的世界中变得更加重要了。这是当前社会存在许多不满的根源。

到目前为止，我讨论了劳动过程中的异化，以及因劳动分工的转变、无意义工作的增多而导致的异化问题的加剧。此外，资本与劳动之间紧张的关系，以及对自然界资源越来越多的开发也使得异化问题继续深化。从20世纪六七十年代开始，许多工人们开始愈发强烈地意识到自己身上的异化问题，并积极地想方设法去改善这种情况。人们开始要求以消减异化感的方式重新组建劳动过程，建立工人车间委员会、建立工人合作社和其他形式的工人协会，以完全不同的方式组织生产。一些马克思主义者，例如安德烈·高兹（André Gorz），认为这是一场失败的斗争，他认为与此同时还有其他更重要的事情。1968年的运动关注点围绕在年轻人对个人自由和自主，以及社会正义的要求上。资本家阶级和公司试图满足这些要求，通过围绕选择自由和文化表达的自由来重组消费主义，更加关注年轻一代的愿望、需求和欲望。

而这一系列事件的产物是一种我们可以称为"补偿性消费主义"的理论和行为。这需要在资本和劳工之间进行浮士德式的交易。资本对劳工说："我们知道无法创造出适合你们的生产流程，但我们可以对你们进行补偿。我们可以让你结束劳动回家的时候，手边能有大量的廉价消费品，你们将从这些廉价消费品中获得你们所渴望的所有疯狂的幸福。这些消费品将会弥补你在工作中的悲惨遭遇。"从这个交易中诞生了一个计划，那就是创建一个相对富裕的工人阶级。补偿性消费主义的想法变得非常重要，我们发现自20世纪七八十年代以来，新形式的消费主义发生了爆炸式增长。最重要的是，它们并不构成通常意义上的大众消费，其中的很多都是小众消费。资本实际上回应了小众的消费者市场，甚至在某些情况下创造了小众的消费者市场。这造成了社会分裂，并通过剥削和在某些方面塑造身份政治和文化战争，促进了生活方式的差异和不同的文化表达方式，甚至是性行为，等等。

补偿性消费主义被公司视为解决在工作中正在经历的异化的方法之一。但是补偿性消费主义的问题在于，它要求消费者有足够的有效需求、有足够的钱，这样他们才能走进商店，买到想要的东西。资本主义的反应不一定是增加工资，而是降低消费品的成本。虽然工资仍然停滞不前，但由于消费品（其中许多是在中国生产的）成本普遍下降，同样工资可以买到的东西数量正在增加。这样一来，即使工资水平停滞不前，工人阶级的物质条件也可以得到改善。这里面部分的原因是大量的女性参与了工作，增加了家庭总收入，还有一部分原因是消费主义的诱惑，加上家用产品技术的提升，这些产品和电器的功能范围也越发广泛，激励了家庭的收入。但这里也出现了一个问题，那就是我们也不清楚补偿性消费主义是否真的有效。

当我们从消费者的角度来看待资本的时候，我们发现资本改变了愿望、需求和欲望，以便创造出"理性消费"所需的市场。这里的"理性"是指从资本的角度看来是理性的。但补偿性消费主义并没有很好地发挥作用，其中有几个原因。比如，随着20世纪80年代的到来，富裕的工人阶级受到自动化和高科技制造业发展的冲击。80年代初期经常被提及的"富裕工人"（主要是男性）的工作正逐渐受到冲击，工会权力由于各种原因被削弱——其中有政治上的攻击，还有部分原因是工厂中的工人阶级被自动化取代，工人数量越来越少。此外，大部分人口的购买力下降，使他们处于这种补偿性消费主义的边缘。那些被纳入补偿性消费主义的人开始对他们实际得到的产品的性质感到不满。

在有关销售的方面有一段有趣的历史。我读过埃米尔·左拉（Émile Zola）写的关于第二帝国时期巴黎新百货公司的小说①。小说里，巴黎省长（The Prefect of Paris）问店主："你是怎么赚到这么多钱的？"答曰："让女性成为消费者，然后男人就得付钱。"这就是卖家性别化的设置方式。当我去商场时，我总是想到这一点，因为在几乎所有的商场里，你先看到的都是香水、手袋和女性产品。你必须上到四楼才能找到男人的东西。所以，"抓住女人"还是很重要的。但自1945年以来，商家们找到了另

---

① 译注：指《妇女乐园》（*Au Bonheurdes Dames*），又译《女福公司》。

一条道路，那就是"让孩子们"成为消费者。这种形式的消费主义是一种更加恶性的剥削，并且以其自身的方式异化。

补偿性消费主义给人们带来了多大的满足感？很多产品的质量都很差，随便用一用就散架了。我们很容易解释这种现象，因为资本不希望产品可以使用很长时间，以免市场饱和。补偿性消费主义意味着，如果可能的话，每天都要创造新的时尚，制造各种不耐用的产品。这在消费市场上产生了一种"活力"，而这种活力会让人感到疲惫和沮丧。此外，许多本应帮助人们节省时间和劳动力的家用产品结果根本没有做到这一点。

这让我想起了《资本论》中很有意思的一部分，就是在马克思谈到约翰·斯图亚特·穆勒（John Stuart Mill）之处。穆勒想知道为什么新的工厂技术没有减轻劳动的负担，而是使劳动者的处境变得更糟。①马克思说，这当然会发生，因为新技术的目的不是减轻劳动负担，而是提高对劳动力的剥削率。我觉得许多新的消费主义家用产品也是这样的。每个家庭都必须有冰箱、洗碗机、洗衣机、电视、用来打游戏的电脑、手机等。这吸收了资本主义经济中产生的大部分剩余生产能力。但这些家庭用品和耐用消费品的作用是尽可能在短期内创造和扩大一个新的市场。大多

---

① 译注：参见［德］卡尔·马克思：《资本论》（第一卷），人民出版社2018年版，第427-580页。

数产品都不会持久，我们每三四年就需要一台新电脑，每两年就需要一部新手机。

这些消费的周转速度很快，甚至到了资本需要培育即时、非排他性的消费形式的地步。比如说，很多资本都投入到制作网飞①的剧上，这些剧可以立即被大量的人消费，而且这种消费不是排他性的——我在看一部剧的同时不会阻止其他人观看。消费主义的形式开始发生变化。商家们开始放弃制造那些能使用很长时间并满足特定需求的东西，例如刀、叉和盘子之类，而是创建了一个制作景观的庞大产业。我突然间就看到了一系列新发行的电影，其中大部分我没有听说过，但它们在生产中吸收了大量的资本，这对我来说是非常有意思的。这养活了一个即时的或非常短期的消费市场。你在一个小时内看完网飞上的一集剧，就这样，它已经结束了，这就是你的消费，然后你转向下一个小时的剧集。这种无节制的看剧形式在消费主义中占了上风。真人秀节目占据了市场，甚至，我们把每天的新闻都变成了具有灾难性政治后果的消费景观。整个消费世界正在变化和转型，但它并没有以一种必然更令人满意的方式转变。补偿性消费主义也渐渐产生了异化。

例如，让我们来思考旅游业的增长：旅游业现在是一个巨

---

① 译注：网飞（Netflix），是美国一家会员订阅制的流媒体播放平台。

大的产业，并且有大量的资金投入。旅游意味着人们会去参观一
个地方，实际上是在一天内消费那个地方的美景，然后去下一个
地方并消费那个地方的风光。这是一种特别有趣的瞬时消费形
式。但旅游业正在越来越多地产生各种负面影响。如果你想去某
个宁静的地方，与预期相反的，你可能会发现有成千上万的人在
那里转悠。有太多消费场所因为游客太多变得让人无法享受。我
最近去了佛罗伦萨，但我迫不及待地想离开。佛罗伦萨的气质完
全被过度的旅游所扼杀了。一些城市现在正试图控制旅游业。例
如，巴塞罗那就饱受旅游业过剩的困扰。他们正试图削减爱彼迎
（Airbnb）和酒店的建设，因为这个地方的特色开始瓦解，游客
越来越不满意，当地居民也难以忍受。谁想去一个看起来美丽的
地方，却发现周围都是一群人，四处游荡，吃着热狗和汉堡包、
喝着可口可乐？

有一些消费主义模式，一度给人们提供了一些补偿，但现在
却不能够再让人满意。其结果是对补偿性消费主义的普遍异化。
我们生活有两个基本要素：我们在居住地的日常生活、我们所从
事的日常工作节奏。这两者给我们带来的有意义的满足越来越
少，尽管在我们的想象中它正在激增。这些不满表明，我们社会
的发展方向是有问题的。如果你问："我们的社会是朝着好的方
向还是坏的方向发展？"大多数人会说朝着不好的方向。保护我
们的制度是什么？这些制度又在哪里呢？就像工作日的时长受到

管制一样，有没有办法管管不受控的生产和消费形式，这些现在主导着社会。

在政治层面，这些事情也变得越来越糟，这就是为什么我认为异化问题变得越来越重要。如果人们像在工作中一样，在他们的日常生活中、潜在的乐趣中感到被异化，那么他们很可能会寻找制度、政治或其他方式来解决他们的不满。尤其是福音派基督教和其他激进的宗教教派，就是对日常生活和日常工作缺乏意义的一种解决方法。当然除此之外，还有大量对政治进程的不满。这种政治进程是统治阶级通过统治思想来运作的，在这种情况下，市场和资本的效率就是一切。而他们认为环境保护和重要的文化责任是无关紧要的，对此漠不关心。

于是就产生了这样的现象：我们在劳动过程中产生异化，在当下的消费主义中产生了广泛的异化，在政治进程中产生异化，与许多传统上应该帮助我们处理事情和赋予生活意义的制度异化。这一切组合起来非常的可怕。异化的人群只是坐在那里，心怀不满，生活在一种退出社会进程的消极对抗状态中。他们无法关心任何事情，因为一切都显得毫无意义。这是一个非常危险的情况。在一个充斥着多重异化的世界中，隐藏的愤怒变得显而易见，只要有一个炸弹爆炸引发骚乱，无组织的暴力就会喷溢而出。

异化的人群很脆弱，容易受到突然和不可预测的运动的影响。这时，谁该为整体萎靡不振的经济情况负责的问题又浮现了上来。资本通过控制媒体来控制统治思想，确保资本是最后一个遭受指责的对象。随之而来的是找其他的指责对象，例如移民、懒惰的人、和我（或者你）不一样的人、冒犯道德准则的人、不同意我的宗教观点的人……这通常会导致一定的政治不稳定性，甚至导致暴力对抗事件。这就是我们现在看到的世界各地的现象——政治人物从阴影中出现，突然间抓住了群众的愤怒。这些新上任的领导者往往很有魅力，他们说："把你的怒火交给我，我会引导它，带你去寻找问题的根源。"移民、少数族裔、有色人种、女权主义者、社会主义者、世俗主义者都被列为替罪羊。简而言之，这样的政治围绕在我们身边。我知道这是对我们目前状况的一个过于简单的表述，但我认为这种粗暴的概况有一定的好处。资本是我们这个社会宇宙神圣的神，除了资本以外，我们要指责其他所有人和所有东西。但是，在以下方面，资本已经走到了极限：积累和持续性的指数增长、社会不平等的爆炸性增长、日益增长的雇佣奴役和债务奴役，以及迅速恶化的环境条件。人们通过浅薄的补偿性消费主义和空洞的包容姿态以自持的能力，正在像自由落体一般下坠。挫败感是多方面的。异化的概念必须被重新带入政治对话。没有它，我们就无法理解政治上发生了什么。所有人已经基本上屈服于他们的异化状况。

这些人的生活方式很失败，他们也在自暴自弃。随之而来的是毒品和酒精成瘾、阿片类药物依赖等。世界上许多地方人口的预期寿命一直在下降，甚至在英国和美国的许多地方也是如此。

人们普遍感到被疏远、被抛弃和被忽视。他们觉得除了欢呼和追随一些释放和引导他们潜在愤怒的、魅力型领导人之外，没有任何别的方法。我们看到一些地区出现了极右翼民粹主义运动，而这些人正在利用这些情况，试图在专制、新法西斯主义政治的基础上重新建立资本的力量。

各种灾难性的政治形式正在涌现。我们需要审视它们所扎根的经济和政治条件，必须从根源上切断有威胁性的右翼政治运动。但这需要建立一种替代性的政治经济学，以了解这些隐患的根本原因。但是，如果没有革命性的转变，我们就会任由霸权主义的社会进程及其相关的主导精神概念把我们带入法西斯独裁主义的深渊。这可能会导致悲剧性的结果。虽然有许多因素造成了我们目前的状况，但如果不彻底探讨目前笼罩我们的异化结构，就不可能摆脱目前的困境。

第十七章

# 工作中的异化：
# 关闭工厂的政治

最近，我在芝加哥与艺术家拉托亚·卢比·弗拉茨尔（LaToya Ruby Frazier）一起度过了一个非常有意思的周末。她从事摄影艺术创作已经有一段时间了，在文化界享有盛誉。她决定调查并记录洛兹镇通用汽车厂的关闭对工人的影响。工厂在2018年的感恩节和圣诞节之间宣布了要关闭的消息。这有点令人惊讶甚至是震惊，因为在许多工人看来，通用汽车公司的经营一直良好。通用汽车公司有很高的利润率和许多的资源，但他们却关闭了这家生产小型汽车雪佛兰科鲁兹的工厂。拉托亚决定前往洛兹镇，了解关闭工厂会对工人和他们的家庭产生什么样的影响。

当她到达洛兹镇的时候，毫不意外地发现通用汽车公司并不欢迎她。他们试图让她远离工厂，甚至言语中带着威胁。因此，她不得不在工厂以外的地方工作。这给她的工作增添了特别的色彩，因为这意味着她不仅要与工厂里的工人一起工作，而且还要与他们的家庭接触。在关闭工厂的情况下，工人们的家庭将受到严重影响。宣布关闭工厂的时候，通用汽车公司承诺在公司系统内为工人找到其他工作。但没有人知道他们到底会被调到哪里，他们可能会去哪里。随之而来的是一段杳无音信的时光。接着工人们收到一封信，在信中他们有四天时间来决定是要转移到其他地方，或者完全结束和通用汽车公司的雇佣关系，如果他们选择了后者，他们会失去所有的福利。他们有四天的时间来做这个决定，接着他们有三周的时间搬到新的工作地点。想象一下这对一个家庭来说意味着什么。比如说，如果家里的母亲或父亲都在工厂工作，这会带来巨大的影响：你要带着全家人一起搬家吗？你的妻子或丈夫会需要搬家吗？他们要搬到多远的地方去？他们会搬到600英里之外，甚至1000英里之外的地方去吗？

这一切带来的影响是相当残酷的。拉托亚目睹了一个痛苦的抉择过程，记录了整个事件给家庭带来的痛苦、对年幼的孩子的影响。孩子们要突然面对自己的父亲或母亲将搬去另一个工厂，他们只能每三周以上才能见上一面；或者，整个家庭可能需要搬迁，在这种情况下，他们所有的社会关系和支持网络都会被打乱。公司要求工人们快速地做决定，这也对工人们造成了创伤，而拉托亚的摄影文章（photographic essay）阐明了这种创伤的存在。不过拉托亚的摄影文章还有其他的作用。拉托亚不仅是想给我们提供一篇摄影文章和纪实性文档，她还通过一系列的采访，表达了这些家庭是如何回应和谈论公司的残酷做法，以及他们对整个事件的感受。

通用汽车公司位于洛兹镇的工厂创立于20世纪60年代后期，它被吹捧为劳动者和资本之间关系的一项特殊实验。当时，有很多人强调要努力创造一个对工人友好的劳动过程。人们试图在劳动过程中给予工人更多的参与投资的机会。工厂成立之时，很多的文章都在大量地强调所谓的"X效率"。这个所谓的"X效率"认为，一个没有那么异化的劳动者会比一个异化程度高、不关心自己是否参与生产的劳动者更有工作效率和效力。当时，一些汽车公司试图创造一种新的劳动关系结构，强调工人们遵守秩序、协作和合作，而不仅仅是用资本来压制和支配——资本主义工厂中的劳动过程从一开始就是充满了压制和支配的。

　　基于20世纪60年代汽车工业的特殊情况，这种想法成为了现实。当时的汽车行业被整合为三个大型汽车公司，即通用、福特和克莱斯勒。当时的文献将其描述为一种典型的垄断资本形式。底特律的三家汽车公司的垄断并不是严格意义上的垄断，而是通过寡头垄断的方式，领导着产品的价格。虽然它们只是几家公司，但人们通常认为这几家公司在美国经济中占主导地位。那时还没有外国的汽车公司：没有丰田、大众、宝马，或者类似的品牌在市场上挑战这三家大型汽车公司。在当时的文章中，比如斯威齐和巴兰的《垄断资本》（*Monopoly Capital*）[1]，把底特律的汽车公司视为垄断资本实际运作的一个很好的例子，即通过价格合作、价格领导和价格垄断达到目的。这使汽车公司在与工会谈判时有一定的周旋余地。

　　随着汽车工会在20世纪五六十年代变得越来越强大，当时出现了所谓的"小组谈判"。汽车工人会选择其中一家汽车公

---

　　① 译注：中译本有，［美］保罗·巴兰、［美］保罗·斯威齐：《垄断资本：论美国的经济和社会秩序》，杨敬年译，商务印书馆2021年版。

司，说："好吧，让我们重新协商合同，在里面加入一些新的东西，比如说生活费用条款，其中规定工资将随着生活费用的增加而增加等。"如果汽车工人成功地和福特汽车公司谈拢了协议，他们会拿着这份新的合同去找其他的汽车公司，说："嘿，你看福特都这样做了，我们希望你们也能把合同改得大致相同。"其他汽车公司会效仿，但不会完全照做，这样他们就可以避免与反垄断法发生冲突，并说他们是在和其他的汽车公司竞争。但实际上，他们之间的竞争并没有那么激烈，工人们可以指望获得合理有利、相互兼容的合同。这里说的"合理有利"是非常有限度的，因为在车间工作条件、工资水平、少数族裔就业方面总是有很多斗争、争吵，汽车工人也因此组织了强有力的运动。例如，底特律的革命工会运动，以及后来的黑人工人革命联盟，实际上在当时的情况下更进一步地推进了汽车公司的改革。

在20世纪60年代，企业试图与工人合作，让工人们参与到董事会决策中。企业希望不仅通过胁迫，还通过来自工人们的许可来管理公司。这种许可涉及了工人对劳动过程的某些方面的控制，比如任务分配之类。从资本的角度来看，洛兹镇工厂是为创新劳动过程而创建的，其中的重点是允许洛兹镇上的劳动者与公司有着特殊的关系。这标志着洛兹镇工厂成为通用汽车公司的一个特殊分支。有趣的是，由于一个非常有趣的原因，洛兹镇工厂的这个实验似乎未能实现其直接目标。证据表明，汽车公司的说法是正确的：一旦工人参与了劳动过程中的设计和分配，工人可能会更多地参与其中，因此更有效率，并为他们所处的环境和他们的产品感到自豪。劳动者的异化程度因此降低了。但这也意味着工人要参与决策生产条件，一旦参与了，他们就想做更多的决策。洛兹镇工厂正是因为工人的先进意识和参与性，成为了工人斗争的中心。工人们意识到谁是负责人，而且因为他们感到被赋予了一点权力，他们开始更多地考虑这种权力赋予可能意味着什么。因此，本应是合作努力的、典范的洛兹镇工厂，变成了激进斗争的场所。

拉托亚发现，工人们对生产流程和自己作为工厂一员拥有自豪感，这一传统从未消失。由于这个原因，工厂的关闭对他们来说是一个双重的冲击。这不仅仅是工厂关闭这么简单，而是生活方式和生存方式突然受到了挑战。工厂的关闭在各个层面都对工人造成了创伤，它扰乱了家庭生活和社会关系。人们失去了对生产过程的参与，而工人们对自己的工作和卓越的产品感到自豪，因此更难让他们接受工厂关闭的事实。有趣的是，工厂关闭的部分原因是特朗普经济政策的不连贯性。特朗普曾承诺帮助制造业蓝领工人。洛兹镇工厂维持生产的原因之一，是有一项法规阻止主要汽车公司将生产集中在卖得很好的运动型多用途汽车（SUV）上，但并不限制生产那些更环保但卖得不太好的小型汽车。

洛兹镇工厂按照法规要求，生产通用汽车的小型汽车雪佛兰科鲁兹。当特朗普废除这项法规时，通用汽车公司就不必再生产小型汽车了。特朗普在他反环境主义的热情中撤销了监管，废除了这项保护着洛兹镇就业的规定。所以说，洛兹镇工人们失业的部分原因是特朗普的所作所为。

这段历史的另一个重点是，底特律三大汽车公司的寡头垄断在20世纪60年代受到保护，不受外国竞争的影响，因为布雷顿森林体系是建立在资本控制之上的。这意味着，资本不能自由进出美国。当然，这并不是说没有资本流动，而是说不同的民族国家实际上是受保护的领土，在其中可以形成准垄断。这种情况使三大汽车制造商在美国有可能占据主导地位。但是，由于一些原因，资本控制在1971年被放弃了。这样做的结果是美国向外国资本开放了美国市场，这使得外国汽车公司能够进入美国，与底特律的寡头垄断竞争。在20世纪70年代末和80年代初，一个巨大的投资浪潮出现了，日本和德国的汽车公司进入美国市场。底特律的垄断势力被打破，特别是在小型汽车市场方面，日本人有更好、更便宜的产品。

在20世纪80年代，底特律突然发现自己在面对激烈的外国竞争时陷入了经济困境。底特律放弃了与汽车工人合作的战略，从七八十年代开始，转而采用更具强制性的战略。但是在拥有阶级意识和斗争性的劳动者的洛兹镇，实施这样更具强制性的战略就意味着要发生大量的斗争。60年代末和70年代初的劳资关系文献谈到了汽车行业的工人圈子和生产圈子，美国劳工部对这些圈子也提供了一定的支持。但到了70年代末和80年代初，相关的文献不再谈论它们了。传达给大众的信息变成了："我们必须把工人阶级置于他们本来所处的位置上，必须开始建立更具有强制性的劳动制度。"这样做的结果是将劳动力视为可以轻易扔到一边的可支配劳动力，因此工厂里的劳资关系发生了真正的转变。

但随之而来的2008年金融危机造成了汽车企业严重的经营困难。在次贷危机期间，美国的消费能力崩溃了。700万家庭失去了他们的房子，这意味着他们不会购买新车。通用汽车公司差点破产。通用汽车公司在严格意义上来讲确实破产了，它不得不接受救助。通用汽车公司经历过一段短时间的国有化——由国家接管，并由国家救助。汽车工人们同意重启谈判、协商合同，这也拯救了通用汽车公司。这是一个重要的时刻。汽车工人通过拯救雇佣他们的公司来挽救他们自己的工作。他们只能通过降低工资要求和放弃福利（医疗保险和养老金）来做到这一点。工会与这些汽车公司达成了一项协议，引入了双轨制的劳动合同。在标准合同下工作的老员工们将保留他们在工资水平方面的优待，但更重要的是，他们也保留了他们在医疗保险和养老金方面的权利。新入职通用汽车公司的员工变成了第二级的劳动力，他们的工资水平、养老金权利和医疗保险水平和老员工都不同。于是就出现了两个人在同一个工厂里并肩工作，做同样的活儿，但是合同待遇却不一样的情况。有资历的老工人被保留在旧制度下，而新加入的年轻人则不得不接受工资和福利大幅减少的新合同条件。国家干预和工会让步的双重作用把通用汽车公司从2008年金融危机困境中一步步解救出来，现在它是美国最赚钱的公司之一。

工人们在与拉托亚的谈话中经常提到，他们不明白为什么通用汽车公司要关闭洛兹镇的工厂。他们曾经如此慷慨地付出，放弃了许多来之不易的福利来拯救公司。公司现在的利润高得惊人，而就在此时，公司突然转过身来，把他们这些工人们当作可以随意丢弃的东西，而不是为拯救公司而牺牲的忠诚员工。此外，公司只给他们四天时间来决定是否接受调到密苏里州、明尼苏达州或其他地方的工厂，这是特别残酷的。

这里的关键是：如果他们不接受调职，他们就会失去所有的福利。我们现在可以来想象一下这个最后通牒给这些工人们造成了什么样的压力。想象一下，你有了养老金和家庭医疗保险的福利，然后你要突然面临选择，如果你不接受转移到600或1000英里以外的某个工厂，你将失去所有这些。你该怎么做，要怎么做，要怎么和你的家庭讨论这些？而且你只有四天时间来讨论和做决定。这对我来说绝对不是合情合理的，它向你展示了工会谈判中，在更有特权的部门里劳资关系的状况，以及这对工人整体可能意味着什么。有些人决定他们不接受工厂的提议，那他们只能承担相应的后果，这意味着他们生活水平和安全感的真正下降。但是，和拆散他们的家庭相比，许多人宁愿留在本地，保留社区中那些宝贵的社会关系。

我认为，这强调了从资本的角度看待劳动过程的方式。劳动力只是一种有使用价值的东西，一种生产要素，它是一次性的，可以在某些情况下，或者是在合法的可能性下得到。这就是资本关注的全部。而对工人来说，他们关心的当然是家庭生活和社会关系，关心车间和社区、工会的作用，工会里的员工和这一切是如何运作和联系在一起的。这一点很重要，因为现在资本主义公司的重点都在效率和利润率上，其他的对它们来说都不重要。在通用汽车公司和工会都已深深融入社区生活的情况下，企业对社区的生活条件却不承担任何责任。

例如，联合之路（United Way）是一个大型的慈善捐赠机构，他们通过大量资助社区服务、文化活动、社会福利结构等拥有了很大的影响力。联合之路的资金中很大一部分来自于通用汽车公司员工的捐款。通用汽车公司对员工的捐款进行了1美元对1美元等额的匹配。也就是说，如果员工捐出10万美元，那么公司就会再捐出10万美元。但是，随着工厂的关闭，这一切都将消失。社区通过慈善捐赠组织在了一起，显然，如果人们不再在通用汽车公司就业，他们就不能再捐款了。社区的社会结构、社会关系以及提供社会和文化服务的能力将要遭到严重的侵蚀。

在资本的历史上，一些公司会逐渐成长，一些公司会倒闭。我们知道这种情况会发生。我们并不是说在任何情况下都不应该关闭一个工厂。但是重要的问题是，你应该如何做，以及你为什么要这样做。在通用汽车公司的案例中，首席执行官玛丽·巴拉（Mary Barra）的发言一直在重新强调通用汽车公司是一个大家庭，但现在这个公司正在全方位地破坏家庭。

但是对通用汽车公司来说，有一个新的发展方向，那就是电动汽车。所以现在通用汽车公司说，未来它不想成为一家汽车公司，它真正想成为的是一家高科技公司。通用汽车公司正试图从特斯拉的故事中吸取经验，并宣称要进入电动汽车的生产领域。汽车行业有一个真正的问题。那就是它们很大程度上造成了污染和气候变化。我们显然需要转变对汽车和一般化石燃料的使用状况。在全世界，汽车生产存在产能过剩，特别是传统形式的汽车生产。这完全说不通。圣保罗的主要经济来源是汽车行业，但同时这个城市也因为它的交通拥堵和空气质量差而臭名昭著。我们必须要有某种规划，对社会秩序进行重组，以便我们从大规模汽车生产中转型。所以我不是在说洛兹镇的工厂应该永远地开着；而是，我们必须认识到，在某一时刻，我们会希望生活在一个不那么依赖汽车的社会中，这意味着社会的经济基础必须改变。

但这样说是一回事，提出一个15或20年的转型计划又是另一回事。我们需要将洛兹镇现有的社会结构和工人们现有的技能转型为不同的东西。我们只能用一种思路来思考这个问题，那就是通过某种连贯的计划，对汽车工业进行调整和重建，使其脱胎换骨。当有人说我们应该考虑从汽车生产转型到电动人工智能车辆系统的高科技生产时，我其实并不太担心。我对此没有意见，我认为我们都应该支持。在洛兹镇事件中，让人反感的是把工人当作一次性物品，根据利润率的需求而随意抛弃或丢弃他们。

此外，通用汽车公司还通过此举抛弃了所有的社区，还有那些通过社会关系、社会供给结构等方面已经建立起来的公共资源。一定存在着某种更好的转型方式。当然，几乎可以肯定的是，这种方式是资本不愿意接受的。资本家们继续以同样的方式做事。通用汽车公司对他们的工人没有忠诚度，公司把一切都奉献给了股东和首席执行官们。为了保证高额的股息和首席执行官的高额薪水，它摧毁了一个有行动能力的劳动力群体、一个社区和整个社会关系结构，除了可怕的未来之外，什么都没有留下。由于失业、人们丧失了身份和生活的意义、日益加深的异化感，俄亥俄州成为一个阿片类药物流行的地方。这就是破坏俄亥俄州社区的根本原因所在。

我们必须想出一些办法，避免工厂在不与任何工会协商、不与社区组织进行任何形式的讨论的情况下突然关闭，进而导致社会成本的增加。通用汽车公司在陷入困境时，愿意与工会进行对话，但现在它容光焕发，不再需要这些对话了。因此，公司把以前的工人当作可有可无的垃圾，把这些工人们从公司对未来的设想中剔除了。拉托亚精彩的摄影文章和关于工人及其家属的书面评论，都强调了一个正在发生的、本可以避免的悲剧 。这种故事应该使每个人都坚决地转向反资本主义，作为唯一可能的政治姿态。

# 第十八章

# COVID-19<sup>①</sup>时代的反资本主义政治学

① 译注：COVID-19，新型冠状病毒肺炎，指2019新型冠状病毒感染导致的肺炎，由世界卫生组织于2020年2月11日命名。

当我试图解释、理解和分析每天的新闻时，我经常会将正在发生的事情置于两种截然不同，但相互交叉的资本主义运作模型下进行思考。第一个模型映射资本流通和积累的内部矛盾，因为货币价值通过在生产、实现（消费）、分配和再投资的不同"环节"（如马克思所说）之间流动来寻找利润。这是一个资本主义经济的模型，是一个无休止扩张和增长的螺旋。当我们通过地缘政治竞争、不平衡的区域发展、金融机构、国家政策、技术重构以及不断变化的劳动分工和社会关系网络等视角，来对这个模型进行阐述的时候，它就会变得相当复杂。

但是，我把这个模型置于更广泛的社会再生产背景中（在家庭和社区中），置于自然（包括城市化和建筑环境的"第二自然"）和人类跨越时空创造的各种文化、科学、宗教以及偶然性的社会形态中。后面的这些"环节"包含了人类愿望、需求和欲望的积极表达，对知识和意义的渴望，以及在不断变化的制度安排、政治对抗、意识形态对抗、损失、失败、挫折和异化的背景下对成就的不断追求。所有这些都发生在一个具有明显地理、文化、社会和政治多样性的世界中。第二个模型可以说构成了我对全球资本主义作为一种独特的社会形态的理解，而第一个模型是关于经济引擎内部的矛盾，经济引擎在其历史和地理演变的某些路径上为这种社会形态提供了动力。

在2020年1月26日，当我第一次读到新型冠状病毒①在中国出现的消息时，我立即想到了这件事对全球资本积累动态的影响。我从对经济模型的研究中了解到，对资本流动连续性的阻塞和中断会导致资本贬值，如果贬值变得广泛和深入，这将预示着危机的开始。我也很清楚，中国是世界第二大经济体，在2008年金融危机之后，中国有效地拯救了全球资本主义。因此，中国经济受到的任何打击都必然会对已经处于困境中的全球经济产生严重影响。在我看来，现有的资本积累模式已经遇到了很多麻烦。抗议运动几乎无处不在（从圣地亚哥到贝鲁特），其中许多的抗议都集中在这样一个问题上，那就是占主导地位的经济模式对广大人民群众来说并不奏效，这也是一个事实。这种新自由主义模型越来越依赖于虚拟资本、大幅增加货币供应量，以及由此导致的债务。这个模型已经面临着有效需求不足的问题，它无法实现资本能够产生的价值。合法性低下、状况不佳的占主导地位的经济模式，要如何消化并熬过已经发展成为大流行性疾病的新冠疫情的影响？答案在很大程度上取决于这种病毒带来的破坏可能持续和蔓延的时间，因为正如马克思指出的，贬值的发生并不是因为商品不能出售，而是因为它们不能及时出售。

---

① 译注：新型冠状病毒，简称新冠病毒，指2019新型冠状病毒（2019-nCoV），由世界卫生组织于2020年1月命名。

长期以来，我一直拒绝将"自然"与文化、经济和日常生活相剥离。我用更加辩证和联系的视角来看待新陈代谢与自然的关系。资本会改变其自身再生产的环境条件，但这是在资本无意识的情况下发生的（比如气候的变化）；这种改变也是在与自主和独立的进化力量的对抗下进行的。从这个角度来看，不存在真正的自然灾害。可以肯定的是，病毒一直在变异。但是病毒是否会突然变得对人们的生命有威胁，与人类的行为有关。这有两个相关方面。首先，有利的环境条件增加了病毒强烈突变的概率。我们可以预测栖息地快速转变和密集的、混乱的食物供应系统可能会导致这种情况，例如在潮湿的亚热带地区。这种系统存在于许多地方，包括中国的长江以南和东南亚地区。其次，病毒是否能够通过宿主身体进行快速传播，其条件差别很大。高密度人口似乎很容易变成病毒的目标宿主。例如，麻疹流行病只在较大的城市中心盛行，而在人口稀少的地区迅速消亡。人与人之间的互动、走动、是否自律或忘记洗手，都会影响疾病的传播方式。在过去的一年里，中国也遭受了猪瘟的严重影响，导致大量的猪被宰杀，猪肉价格不断上涨。还有很多其他地方的病毒变异和扩散的环境风险也很高。1918年的西班牙流感可能来自堪萨斯州，非洲可能孵化了艾滋病毒和艾滋病，当然还引发了西尼罗河病毒和埃博拉病毒，而登革热似乎在拉丁美洲盛行。但病毒传播对经济和人口的影响取决于霸权经济模型中预先存在的裂缝和脆弱性。

新冠病毒最初是在武汉被报告的，显然，新冠病毒对当地的影响是巨大的，因为武汉是一个重要的生产中心。这次的病毒还可能会对全球经济产生影响（尽管我不知道影响的程度到底有多大）。最大的问题是这种病毒是如何传染和扩散的，以及它在我们生产出合适的疫苗之前将持续多长时间。早期的经验表明，日益增长的全球化的问题之一是不可能阻止新疾病在国际上的快速传播。我们生活在一个高度连接的世界中，几乎每个人都在旅行。病毒潜在扩散的人际关系网络是巨大而开放的。危险在于，经济和人员（流动）的中断将持续一年或更长时间。

虽然当最初的新冠病毒消息传出时，全球股市应声下跌；但令人惊讶的是，在随后的一个月或更长时间里，市场创下了新高。这些消息似乎表明，除了中国之外，其他地方都在正常运作。人们似乎认为我们将经历一次SARS的重演，结果是SARS很快就被控制住了，对全球的影响不大。尽管它的死亡率很高，并在金融市场上造成了现在看来没有必要的恐慌。当新冠病毒出现时，大家主要的反应是将其描述为SARS的翻版，造成了过度恐慌。疫情在中国肆虐，中国迅速而有所取舍地采取行动控制其影响，这一事实也导致世界上其他国家错误地将疫情问题视为"那边"发生的事情，因此视而不见（这还伴随着在世界某些地区出现的一些令人不安的反华迹象）。还有一些特朗普政府圈子里的人认为，新冠疫情给原本走向胜利的中国经济增长故事带来了冲击，这甚至让他们感到高兴。然而，经过武汉的全球生产链中断的消息开始流传。人们在很大程度上忽视了这些消息，或者认为这是类似于苹果这种特定产品线或公司要面临的问题。贬值是局部的和特殊的，而不是系统性的。消费者需求下降的迹象也被轻视了，尽管像麦当劳和星巴克这样在中国市场有大量业务的公司不得不暂时关门大吉。

关于病毒在国际上传播的最初消息是偶然的，而且是偶发性的，一开始只是在韩国和几个热点地区有严重的爆发，比如说伊朗。（2020年）2月中旬开始，股市开始崩盘，但是还有一些起伏，然而到了3月中旬，全球股市净贬值近30%。指数级上升的感染人数引起了一系列往往是不合逻辑的、惊慌失措的反应。面对潜在的疾病和死亡浪潮，特朗普总统效仿了克努特大帝①。他的一些反应一直很奇怪。面对病毒，他让美联储降低利率显得很奇怪，即使人们认识到此举是为了减轻市场影响而不是阻止病毒的发展。

从公共权威机构到医疗保健系统，几乎到处都缺人手。北美、南美和欧洲40年的新自由主义发展，使得这些国家对此类公共卫生危机准备不足，使公众完全暴露在了风险之下。尽管之前

---

① 译注：克努特大帝（King Canute），中世纪英格兰、丹麦和挪威国王。他在海边设立了他的王位，并命令潮汐停止以免弄湿他的权杖和王袍。但是王命无法与自然力量相抗衡，而克努特大帝也无法让潮汐停止。

公众对SARS和埃博拉病毒的恐慌给政府带来了足够的警告，也给了关于面对这些病毒应该做什么的有力教训。在所谓"文明"世界的许多地方，地方政府和地区（州）政府在此类突发公共卫生事件中总是处于前线，但是由于新自由主义实施的紧缩政策为企业和富人提供减税和补贴资金，导致这些地方政府资金短缺。社团主义（corporatism）的大药厂对传染病（如自20世纪60年代以来众所周知的一整个类别的冠状病毒）的无报酬研究几乎没有兴趣。大药厂对用于预防公共卫生危机的投资兴趣不大。它们喜欢设计治疗方案。我们病得越重，他们挣得越多。预防并不会给股东带来利益，甚至有可能降低股东的利益。这种应用于公共卫生服务的商业模式削弱了紧急情况所需的过剩应对能力。①预防甚至不是一个足够吸引人的工作领域，因为它无法保证公私合作。特朗普总统本着削减包括气候变化在内的所有研究经费的精神，削减了疾病控制中心的预算，并解散了国家安全委员会的流行病工作组。如果对此进行拟人化和打个比方，我会得出这样的结论：新冠病毒是大自然对这40多年来新自由主义的报复，是对他们采用榨取主义、通过暴力和不受管制的手段从大自然中摄取资源的反噬。

---

① 译注：在通常情况下，公共卫生服务应保有一定的过剩资源来处理紧急情况，但公共卫生服务的商业化削弱了这一能力。

　　疫情带来的经济影响现在正在以失控的态势在全球蔓延。疫情对企业价值链和某些部门的破坏比人们原先想象的更加系统，更有实质性。长期的影响可能是企业会缩短供应链或使其变得多样化，同时转向劳动密集度较低的生产形式，这对就业有巨大影响，同时也会更多地依赖人工智能生产系统。生产链的中断导致工人下岗或休假，这减少了最终需求；而对原材料需求的减少则导致了对生产性消费的减少。这些对需求方的影响本身至少会导致轻度的经济衰退。

　　但最大的漏洞存在于其他方面。2008年金融危机之后爆发的消费主义模式已经崩溃并造成了毁灭性的后果。这些模式的基础是将消费的周转时间尽可能地减少到零。对这种消费主义形式进行大量投资，是因为其周转时间可能是最短的，这使得资本能够最大限度地呈指数增长。国际旅游是一个有象征意义的例子。在2010年至2018年间，国际旅行的数量从8亿人次增加到14亿人次。这种即时"体验式"的消费主义形式需要对机场和航空公司、酒店和餐厅、主题公园和文化活动等进行大量的基础设施投资。这个资本积累的行业现在因为疫情已经奄奄一息，很快会出现航空公司濒临破产、酒店空无一人、酒店业员工们的大规模失业的情况。外出就餐不是一个好主意，许多地方的餐馆和酒吧都已经关闭。即使是外卖似乎也有风险。打零工或者从事其他形式的不稳定工作的大量工人正在被解雇，并且我们没有看到明显的、能维持他们生计的手段。文化节、足球和篮球比赛、音乐会、商业和专业会议，甚至围绕选举的政治集会等活动都被取消。这些"基于事件"的体验式消费主义形式都已经被关闭了。地方政府的收入大幅下降，一些大学和中小学校也关了。

当代资本主义消费主义（capitalist consumerism）的许多前沿模式在当前条件下是行不通的。安德烈·高兹所描述的补偿性消费主义（也就是说被异化的工人应该通过在热带海滩上的度假套餐来恢复精神）的驱动力被削弱了。

但当代资本主义经济有70%甚至80%是由消费主义驱动的。过去40年来，消费者信心和情绪已成为调动有效需求的关键，而资本越来越受需求和欲望驱动。这种经济能量的来源并没有受到市场剧烈波动的影响（其中有几个例外，比如冰岛火山爆发，导致跨大西洋航班中断了几个星期）。但是，新冠疫情带来的不是市场的疯狂波动，而是消费主义形式的核心全面崩溃，而那些最富裕的国家在这种消费主义形式中占据了主导地位。无休止的资本积累的螺旋形式正在从世界的一个地方向其他所有地方坍塌。唯一可以挽救它的是政府资助和凭空激发大众消费主义。例如，这将需要将美国的整个经济社会化，而我们还不能将其称为社会主义。无论发生什么，民众对政府是否需要拥有广泛权力的普遍怀疑已经平息，人们也广泛地承认了好的和坏的政府之间的区别。让政府屈从于债券持有人和金融家的利益（自2008年金融危机以来一直如此）被证明是一个坏主意，即使对金融家而言也是如此。

有一句耳熟能详的谚语："在传染病面前人人平等。"就像许多类似的谚语一样，这种说法是有一定道理的。在19世纪，霍乱这种流行疾病的传染跨越了阶级壁垒，这非常引人注目，从而催生了公共卫生和健康运动，并逐渐变得专业化，一直持续至今。我们说不清这场运动到底是为了保护上层阶级，还是保护所有人。但是在今天，不同的阶级、社会效应和影响告诉了我们一个不同的故事。疫情带来的经济和社会影响被到处可见的"习惯性"歧视所过滤。预计在世界大部分地区，越来越多的病患看护通常具有明显的性别、种族和民族特征。比如，这些人群和在机场和其他后勤部门的劳动力的阶级属性基本一致。这个"新工人阶级"处于新冠疫情带来的冲击的最前沿：要么成为最有可能因为工作感染病毒的劳动力，要么会因为防疫所强制实施的经济紧缩而被解雇。例如，存在着谁可以在家工作、谁不能在家工作的问题。这加剧了社会的分化程度，类似的问题还有，在接触到患者或被感染的情况下，谁有能力在家隔离（无论是在带薪或者是不带薪的情况下）。正如我将1972年的尼加拉瓜地震和1985年的墨西哥城的地震称为"阶级地震"一样，新冠疫情对社会的影响也表现出了对阶级、性别和种族造成不同影响的特征。尽管我们能看到许多在"我们都在一起"的口号遮掩下进行的缓解性努力。但是这些努力，尤其是某些国家政府方面的做法，表明了更险恶的动机。美国当代工人阶级主要由非裔美国人、拉丁裔和职业女性组成，他们面临着危险的选择，要么以照顾和维持关键供应（如杂货店）的名义冒着被感染的危险继续工作，要么失去工作，同时也失去例如医疗保险一类的福利。像我一样拿着工资的人可以在家工作，像以前一样领取工资，而首席执行官们则乘坐私人飞机和直升机到处飞。

世界上大部分地区的劳动力长期以来都是社会化的，他们是新自由主义的良民（这意味着如果出现任何问题，他们会责怪自己或上帝，但从来不敢暗示资本主义可能是真正的问题所在）。但是，即使是新自由主义的良民也能看出，这次我们在应对这种流行病的方式上存在着问题。

最大的问题是这种情况会持续多久？这可能会超过一年，而且持续的时间越长，包含劳动力在内的贬值就越多。在没有大规模国家干预的情况下，失业水平几乎肯定会上升到与20世纪30年代相当的水平，而这些干预将不得不违背新自由主义的理念。这次的疫情对经济和社会日常生活的直接影响是多方面的。但是从另一角度来想，当代消费主义已经变得非常极端，它已经接近于马克思所描述的整个体系"灭亡的标志……是达到骇人听闻和荒诞无稽的程度的**消费过度**和**疯狂的消费**"①。这种过度消费的

---

① 译注：《马克思恩格斯全集》（第二版第30卷），人民出版社1995年版，第419页。

鲁莽行为在很大程度上加速了环境恶化。因为疫情的原因，我们取消了航空公司的航班，也全面停止了交通运行，这一切在控制温室气体的排放方面产生了积极的影响。美国的许多城市空气质量得到了很大的改善；生态旅游景点将可以从不断践踏的步伐中得到恢复和喘息的时间；天鹅回到了威尼斯的运河中。在遏制鲁莽和毫无意义的过度消费主义的程度这个角度来说，这一切可能还会带来一些长期的好处。珠穆朗玛峰上的死亡人数减少可能是一件好事。虽然没有人敢大声说出来，由于病毒给不同年龄的人口带来不同的影响，会最终影响年龄金字塔，给社会安全带来负担，给"护理行业"的未来带来长期的影响。日常生活的节奏将慢下来，这对一些人来说将是一件幸事。如果这种紧急情况持续时间足够长，普遍推荐的社交距离可能会导致文化上的转变。唯一一种几乎肯定会从疫情中受益的体验式消费主义形式就是我所说的"网飞经济"，它无论如何都能够迎合疯狂看剧的人。

在经济方面，2008年金融危机导致的（资本）外流方式影响了各方对这个问题的看法和应对方式。这需要实施超宽松的货币政策，同时救助银行。2008年设立的救助计划主要针对银行，但也导致通用汽车公司在实际上被国有化了。重要的是，面对工人的不满和市场需求的崩溃，底特律三大汽车公司至少都暂时性地倒闭了。如果中国不能重复它在2008年金融危机中所扮演的角色，那么挽救当前经济危机的重任现在就转移到了美国身上。这是最讽刺的地方：在经济上和政治上唯一可行的政策，会比伯尼·桑德斯（Bernie Sanders）①的任何建议都要更加倾向于社会主义；但这些挽救经济的计划将不得不在唐纳德·特朗普的主持下启动，可能会遮掩在"让美国再次伟大"的面具之下。所有那些发自内心地反对2008年救市计划的共和党人将不得不收回自己说过的话，或者对抗唐纳德·特朗普的命令。后者可能会导致选举的紧急取消，并宣布一个帝国主义总统的诞生是为了拯救资本和世界免于骚乱和革命。如果唯一可行的政策是社会主义，那么统治寡头集团无疑会采取行动，确保它们是国家社会主义而不是人民社会主义。反资本主义政治的任务就是要防止这种情况发生。

---

① 译注：伯尼·桑德斯（Bernie Sanders），民主社会主义者，是美国历史上第一位信奉社会主义的参议员，曾参与2020年美国总统选举。

第十九章

# 对集体困境的
# 集体回应

　　我是在纽约市写下这本书的，现在这儿正处于新冠疫情导致的危机中。这是个艰难的时刻，我们不知道究竟该如何应对正在发生的事情。通常在这种情况下，我们反资本主义者会上街示威游行和鼓动情绪。但是这次却恰恰相反，在这个需要采取集体行动的时刻，我却处于个人隔离的痛苦境地。但正如马克思的名言所说的，我们不能在我们自己选定的条件下创造历史[①]。因此，我们必须弄清楚如何最好地利用我们所拥有的机会。

　　我自己的情况要相对优越一些。我可以继续工作，只是需要待在家里。我没有失去工作，仍然拿得到工资。我所要做的就是躲避病毒。因为年龄和性别，我被归为易受伤害的类别，所以他们建议我不要和其他人进行不必要的接触。这让我有足够的时间在视频会议的间隙进行思考和写作。但我想，与其纠缠于纽约情况的特殊性，我不如思考一些具备可行性的替代方案，并问：一个反资本主义者是如何思考这种情况的？

　　我想从马克思关于1871年失败的巴黎公社运动的评论来开始我的讨论。马克思写道：

　　　　工人阶级并没有期望公社做出奇迹。他们不是要凭一纸

---

　　① 译注：参见《马克思恩格斯文集》（第二卷），人民出版社2009年版，第470页。

人民法令去推行什么现成的乌托邦。他们知道，为了谋求自己的解放，并同时创造出现代社会在本身经济因素作用下不可遏止地向其趋归的那种更高形式，他们必须经过长期的斗争，必须经过一系列将把环境和人都加以改造的历史过程。工人阶级不是要实现什么理想，而只是要解放那些由旧的正在崩溃的资产阶级社会本身孕育着的新社会因素。①

让我对这段话做一些评论。马克思在某种程度上反对空想社会主义，它在19世纪40至60年代的法国曾大量出现。这是傅立叶（Fourier）、圣西门（Saint-Simon）、卡贝（Cabet）、布朗基（Blanqui）、蒲鲁东（Proudhon）等人的传统。马克思认为，空想社会主义者是空想家，他们不是要真正改变此时此地工人们的实际劳动条件。为了改变当下的环境，你需要很好地掌握资本主义社会的本质到底是什么。但是马克思非常清楚，革命计划必须聚焦在工人的自我解放上。这一表述中的"自我"是很重要的。任何改变世界的重大举措都需要自我的转变，因此，工人也必须改变自己。这是马克思在巴黎公社时期非常关注的问题。但他也指出，资本本身正在创造变革的可能性。通过长期的斗争，将有

---

① 译注：《马克思恩格斯文集》（第三卷），人民出版社2009年版，第159页。

可能"解放"一个新社会的轮廓，使工人从异化劳动中解放出来。革命的任务是，解放已经存在于正在崩溃的旧资产阶级社会秩序子宫内的新社会元素。

现在，必须承认我们生活在一个正在崩溃的旧资产阶级社会中。显然，它孕育了我特别不想看到的各种丑陋的东西（比如种族主义和仇外心理）。但马克思并不是说要解放那个古老而可怕的、崩溃的社会秩序中的所有东西。他的意思是，我们需要选择正在崩溃的资产阶级社会中那些有助于工人和工人阶级解放的方面。这就提出了一个问题：这些可能性是什么，以及它们来自哪里？马克思在他写的关于公社的小册子中没有解释这一点，但他早期的许多理论工作都致力于揭示有助于工人阶级的可能性。马克思在1857—1858年的危机年代写下了非常庞杂且未完成的、名为《政治经济学批判大纲》的文本。他在这本书中用很大的篇幅讨论了这个问题。这部著作中的一些段落揭示了马克思在为巴黎公社辩护时可能想到的确切内容。"解放"的概念与他对当时资本主义社会内部发生的事情的理解有关。这就是马克思一直在努力理解的东西。

在《政治经济学批判大纲》中，马克思详细讨论了技术变革和资本主义固有的技术活力问题。他所阐明的是，根据定义，资本主义社会将大量投资于创新，并大量投资于构建新的技术和组建有潜力的项目。之所以如此，是因为个体资本家在与其他资本家竞争的时候，如果他的技术优于竞争对手，他就会获得超额利润。因此，每个资本家都有动机去寻求和竞争者们相比更具生产力的技术。出于这个原因，技术活力融入了资本主义社会的核心。马克思在1848年书写《共产党宣言》时就认识到了这一点。这也是资本主义中永久的革命性的主要动力之一。它永远不会满足于现有的技术。它将不断寻求改进，因为资本主义总是会奖励拥有更先进技术的个人、公司或社会。拥有最先进和最有活力的技术的国家、民族或权力集团将引领潮流。因此，技术的活力建立在资本主义的全球结构之中。从一开始就是如此。

马克思在这方面的观点既富有启发性，又有趣。当我们想象技术创新的过程时，我们通常会想到有人在制造一个新的东西，或者是其他人寻求对这些正在制造的产品进行技术改进。也就是说，技术的活力理论上是针对特定的工厂、特定的生产系统、特定的情况的。但事实证明，许多技术实际上是从一个生产领域溢出到另一个领域，并成为通用技术。例如，人们可以将计算机技术应用于任何目的，自动化技术可应用于各行各业。马克思注意到，在19世纪的20至40年代的英国，新技术的发明已经成为一项独立的业务。也就是说，不再是从事制造纺织品行业，或类似行业的人对提高他们雇员的生产率的新技术感兴趣。相反，企业家们想出了一种新技术，可以在各行各业使用。在马克思的时代，这方面的最初例子是蒸汽机。它可以用在各种方面，从煤矿排水到制造蒸汽机和建设铁路，同时也被应用于纺织厂的动力织机。因此，如果你想从事创新业务，那么工程和机床行业是很好的开始。当时的整个经济不仅面向新技术的生产，也面向新产品的生产，比如伯明翰市周围出现的专门从事机床制造的行业。综上所述，在马克思的时代，技术创新本身也已成为一项独立的职业。

在《政治经济学批判大纲》中，马克思详细探讨了，当技术创新创造了新的市场，而不是作为对特定现有市场需求的反应时，技术创新就变成了一种职业。新技术随后就处于资本主义社会活力的顶端。其后果是广泛的。一个明显的结果是，技术从来都不是一成不变的，它们永远不会稳定下来，很快就会过时。追赶最新的技术可能会给公司带来压力，也会产生代价。加速淘汰可能对现有公司造成灾难性的影响。尽管如此，社会上的各个群体，从电子到制药，到生物工程等，都在为了创新而创新。谁的创新最能激发想象力，比如说手机或平板电脑，或者说谁的创造能够运用得最为广泛，比如说计算机芯片，谁就能获得成功。因此，在马克思关于资本主义社会的描述中，这种技术本身成为一项职业的想法成为了绝对的核心。这就是资本主义与所有其他生产方式的区别所在。创新的能力在人类历史中无处不在。在古代中国就有技术变革，甚至在封建主义下也会有技术创新。但是，技术创新在资本主义生产方式中变得独特，因为技术在这里变成了一项职业，出售给生产者和消费者通用产品。这一点是资本主义特有的，成为资本主义社会发展的关键驱动因素之一。无论我们喜欢与否，这就是我们生活的世界。

马克思接着指出，这种发展会导致的一个重要的必然后果。为了让技术成为一项职业，你需要以某种方式调动新知识。需要运用到科学和技术，把它们作为独特的知识形式和对世界的理解。新技术的创造与科学技术的兴起融为一体，在这里，科学被视为知识和一门学术学科来严肃对待。马克思注意到了科学技术的应用和新知识的创造是这项革命性技术的必要条件。这定义了资本主义生产方式性质的另一个方面。创新技术的活力与产生新科技知识的活力有关，而这些有关新科技的知识往往是全新的、和世界有关的革命性的思想观念。科学技术领域的创新与对新知识的理解相结合。最终，像麻省理工学院和加州理工学院这样的全新机构成立了，以促进这一发展。

马克思接着问：这对资本主义内部的生产过程有什么影响？它如何影响劳动（和工人）融入这些生产过程的方式？在前资本主义时代，比如15、16世纪，劳动者通常可以控制生产资料（也就是工具），并熟练使用这些工具。熟练的劳动者成为某种知识和某些理解的垄断者。马克思指出，这一直被认为是一种技艺。但是当你进入工厂制时，甚至当你进入现代世界时，情况就不再如此了。劳动者的传统技能变得多余，因为技术和科学接管了机器，技术和科学以及新形式的知识被纳入了机器。技艺消失了。

因此，马克思在《政治经济学批判大纲》中用一大段使人感到惊讶的段落，谈到了新技术和知识融入机器的方式（如果你有兴趣，这段内容在该书企鹅出版社版本的第650—710页[①]中）。马克思指出，这些新技术和新知识不再存在于劳动者的大脑中，劳动者被推到一边，成为机器的附属物，变成了仅仅是照看机器的人。所有的智慧和知识都消失了，这些智慧和知识曾经属于劳动者，并曾赋予他们相对于资本的某种垄断权力。资本家曾经需要劳动者的技能，但他们现在摆脱了这种限制。技能现在体现在机器中。通过科学和技术产生的知识流入机器，机器成为资本主义活力的"灵魂"。这就是马克思所描述的情况。

因此，资本主义社会的活力在很大程度上依赖于科学和技术所驱动的不断创新，来创造新的业务。马克思在他自己的时代就清楚地看到了这一点。他在1858年的时候就写下了这一切！但是现在，对于当下的我们来说这个问题已经变得至关重要。马克思所讨论问题的当代版本是人工智能问题。我们现在需要知道，随着科学技术的发展，人工智能已经发展到什么程度，以及它在多大程度上正在以及将来可能被应用到生产过程中。使用人工智能的明显后果是它取代了劳动者。事实上，就劳动者在生产过程中

① 译注：企鹅出版社版本的第650-710页，对应《马克思恩格斯全集》（第二版第31卷），人民出版社1998年版，第41-106页。但据上文，相关内容应对应中译本第88-110页。

应用想象力、技能和专业知识的能力而言，这将进一步解除劳动者的武装，使他们贬值。

这使得马克思在《政治经济学批判大纲》中做了如下评论。让我在这里引用这段话，因为我认为它真的非常、非常吸引人。

> 生产过程从简单的劳动过程向科学过程的转化，也就是向驱使自然力为自己服务并使它为人类的需要服务的过程的转化，表现为同活劳动相对应的**固定资本**的属性……于是，劳动的一切力量都转化为资本的力量。①

现在，知识和科学技术存在于资本家指挥下的机器中。劳动的生产力被转移到固定资本中，这是外在于劳动的东西。劳动者被推到了一边。因此，在生产和消费方面，固定资本成为了我们集体知识和智慧的承载者。

更进一步，马克思关注了正在崩溃的资产阶级秩序所孕育的、可能有益于劳动的东西。他说的是，资本"完全是无意地——使人的劳动，使力量的支出缩减到最低限度。这将有利于

---

① 译注：《马克思恩格斯全集》（第二版第31卷），人民出版社1998年版，第95-96页。

解放了的劳动，也是使劳动获得解放的条件"①。换句话说，在马克思看来，自动化或人工智能之类事物的兴起，为劳动力的解放创造了条件和可能性。在我引用的马克思关于巴黎公社的小册子的段落中，核心是劳动和劳动者的自我解放问题。我们需要接受这种状况。但是，这种情况的潜在解放性在哪里？答案很简单。这些科学和技术都在提高劳动的社会生产力：只需要一个工人负责管理所有这些机器，就可以在很短的时间内生产大量商品。我在这里再次引用马克思在《政治经济学批判大纲》中的内容。

> 随着大工业的发展，现实财富的创造较少地取决于劳动时间和已耗费的劳动量，较多地取决于在劳动时间内所运用的作用物的力量，而这种作用物自身——它们的巨大效率——又和生产它们所花费的直接劳动时间不成比例，而是取决于科学的一般水平和技术进步，或者说取决于这种科学在生产上的应用……现实财富倒不如是表现在——这一点也由大工业所揭明——已耗费的劳动时间和劳动产品之间惊人的不成比例上。②

---

① 译注：《马克思恩格斯全集》（第二版第31卷），人民出版社1998年版，第96–97页。

② 同上书，第100页。

但是在这里，马克思引用了当时一位李嘉图社会主义①者的话，认为"一个国家只有在劳动6小时而不是劳动12小时的时候，才是真正富裕的。**财富**（现实的财富）不是对剩余劳动时间的支配，而是除了耗费在直接生产上面的时间以外，**每一个个人和整个社会可以自由支配的时间**"②。

正是这一点导致资本主义产生了"个性的自由发展"的可能性，其中也包括工人的个性。顺便说一句，我以前说过这个，但我要再说一遍。马克思总是强调个人的自由发展将成为集体行动所要推向的终点。有一种普遍观点，认为马克思的思想是关于集体行动和压制个人主义，这是错误的。马克思的想法恰恰相反。马克思的想法是，我们要动员集体行动，以获得个人自由。我们稍后会回到这个观点的讨论上。但这里的关键目标是个体自由发展的潜力。

这一切都是以"减少必要劳动"为前提的，"必要劳动"是指再生产社会的日常生活所需的劳动量。劳动生产率的提高意味着社会的基本需求可以很容易地得到满足。这将为个人潜在的

---

① 译注：李嘉图社会主义，其主要观点是认为劳动是创造价值的唯一来源，通过劳动所创造出来的价值应该全部归劳动者所有。他们要求改革资本主义制度，实行社会主义制度，保障劳动者获得生产价值的权利。

② 译注：《马克思恩格斯全集》（第二版第31卷），人民出版社1998年版，第102页。

艺术、科学发展提供充足的可支配时间。起初，这将是少数特权者可以拥有的时间，但最终每个人都会有自由的可支配时间。也就是说：让每个人自由地做他们想做的事是至关重要的，因为人们可以通过使用先进的技术来满足基本的生活需要。马克思说，问题在于资本本身就是一个"处于过程中的矛盾"。一方面，它"竭力把劳动时间缩减到最低限度，另一方面，又使劳动时间成为财富的唯一尺度和源泉"①。因此，资本缩减必要劳动时间形式的劳动时间，即真正必要的劳动时间，以便增加剩余劳动时间形式的劳动时间。

　　这种剩余劳动时间形式就是马克思所说的剩余价值，谁来获取它是一个问题。马克思指出的问题不是说剩余价值不可获得，而是剩余价值无法为劳动所得。虽然资本的趋势"一方面**创造可以自由支配的时间**"，但另一方面是为资本家的利益"**把这些可以自由支配的时间变为剩余劳动**"。②它本可以被应用于劳动者的解放时，然而实际上并没有被运用于此。事实上，它被用来给资产阶级筑巢，在资产阶级内部通过传统手段积累财富。所以这就是中心矛盾。马克思认为，我们可以依据人们支配金钱的数量和其他财务，来了解一个国家真正的财富。但对马克思来说，

① 译注：《马克思恩格斯全集》（第二版第31卷），人民出版社1998年版，第101页。

② 译注：同上书，第103-104页。

"一个国家只有在劳动6小时而不是劳动12小时的时候,才是真正富裕的。**财富**(现实的财富)不是对剩余劳动时间的支配,而是除了耗费在直接生产上面的时间以外,**每一个个人和整个社会可以自由支配的时间**"[1]。也就是说,一个社会的财富将由我们有多少可支配的自由时间来衡量,因为我们的基本需求得到了满足,我们都可以不受任何约束地做我们喜欢的事情。马克思的论点是:我们必须有一个集体运动,以确保可以构建这种社会。但是,主要的阶级关系和资本家阶级的权力当然会成为这条道路上的阻碍。

现在,我们因新冠疫情而导致的封锁和经济崩溃的情况,与上述内容产生了有趣的呼应。现在很多人都拥有了大量的可支配时间。我们中的大多数人被困在家里,我们不能去工作,不能做平时做的事情。我们要用时间做什么呢?当然,如果有孩子,那么我们就有相当多的事情要做。但是我们已经到了拥有大量可支配时间的地步。第二件事是,人们现在正经历着大规模的失业。今天的最新数据表明,在美国,大约有2600万人失去了工作。通常人们会说这是一场灾难,当然,这确实是一场灾难。当你失去工作时,你失去了去超市的能力,因为你没有钱去超市"再生

---

[1] 译注:《马克思恩格斯全集》(第二版第31卷),人民出版社1998年版,第102页。

产"自己的劳动力。许多人失去了他们的医疗保险，还有许多人难以获得失业救济金。由于租金或抵押贷款到期，住房权利处于危险之中。在美国，很多人，也许多达50%的家庭，银行里的剩余资金都不超过400美元，无以应对小型紧急情况，更不用说像我们现在这样全面爆发的危机了。这些人很可能很快就会走上街头，他们和他们的孩子将面临饥饿的威胁。但是，让我们更深入地了解一下情况。①

我们需要采取集体行动，才能让我们摆脱困境，才能处理新冠疫情带来的严重危机。我们需要采取集体行动来控制病毒的传播，通过限制出行和保持社交距离等方式。我们需要通过这种集体行动让我们作为个体解放出来，最终可以随心所欲地生活。我们现在还不能做我们喜欢的事。

其实，这是一个很好的比喻，来帮我们理解什么是资本。资本会创造一个社会，在那里我们大多数人不能自由地做我们想做的事情。因为我们实际上被占用了，为资本家阶级创造财富。马克思可能会说，如果那2600万失业者真的能找到一些办法来获得足够的钱养活自己、购买生活所需的商品、租房子，那为什么不去追求集体解放，摆脱异化的工作呢？换句话说，我们是否想简单地通过让这2600万人重返工作岗位，从事他们以前可能参与过

---

① 译注：下一段原文与前文有所重复，已删除。

的一些非常糟糕的工作，来摆脱这场危机呢？这就是我们想走出危机的方式吗？或者我们想问：有没有办法组织基本的商品和服务的生产，这样每个人都有吃的，每个人都有一个像样的住所；我们暂停一切形式的驱逐，每个人都可以过上免去租金的生活？换句话说，现在难道不是我们可以真正认真考虑建立一个替代社会的时刻吗？如果我们足够坚强和成熟，能够克服这种病毒，那么为什么不同时对付资本主义呢？

与其说我们都想回去工作，找回那些失去的工作，把一切都恢复到危机开始前的样子，也许我们应该说，为什么我们不在这场危机中创造一个完全不同的社会秩序？我们为什么不利用当前正在崩溃的资本主义社会所孕育的东西，比如说惊人的科学技术和生产能力，并解放人工智能、技术变革和组织形式等，来创造出前所未有的东西？毕竟，在现在的这种紧急情况下，我们已经在尝试各种替代系统——向贫困和受影响的社区和群体提供基本的免费食品供应、免费医疗、互联网资源访问渠道，等等。事实上，一个新的社会主义社会的轮廓已经浮出水面，这也许就是为什么右翼和资本家阶级如此急切地想让我们回到原位。

在这个时刻，我们有机会思考资本主义社会的可替代方案会是什么样的。在这个时刻，这种可替代方案是真的有可能实现的。我们不应该只是下意识地做出反应说："哦，我们必须立即恢复那2600万个工作岗位。"不，也许我们应该考虑扩大一些正在进行的事情，例如组织集体供应。这种情况已经发生在了医疗保健领域，但它也开始在食品供应的社会化中崭露头角，这甚至发生在了餐饮行业。在纽约市，现在有几个餐厅连锁集团仍然还开着。通过捐赠，他们给大量失去了工作、不能到处走动的人群提供了免费食物。换句话说，与其说这是我们在紧急情况下会做的事情，为什么我们不现在开始对这些餐馆说，你们的任务是为一些人提供食物，使他们一天至少吃一顿或者两顿像样的饭。我们的社会其实已经有了这个元素，比如很多学校会提供校餐，等等。因此，我们应该继续这样做，或者至少从这些事情中学习到经验。这难道不是一个我们可以利用这种社会主义想象力来构建一个替代社会的时刻吗？这不是乌托邦。这是在说，上西区的那些餐馆都关门了，它们就待在那儿像是休眠了一样。我们可以让人们回来，让他们开始生产食物，养活街上的人、困在房子里的人、老人。我们需要集体行动，这样才能让我们所有人都获得个人自由。无论如何，如果现在失业的2600万人必须回去工作，那么也许应该让他们每天工作6小时而不是12小时，这样我们就可以庆祝"在世界最富有的国家生活意味着什么"这个定义的转变。也许这才是美国真正的伟大之处（让"再次"①在历史的垃

---

① 译注："再次"，引自特朗普在竞选总统时最有名的口号之一"让美国再次伟大"。

圾堆中腐烂）。

　　这就是马克思一而再、再而三提出的观点。与资产阶级意识形态中不断宣扬的虚假的个人主义相反，个人自由、自主权和解放的真正根源其实应该是我们所有的（合理）需求都得到满足。我们每天只需要工作6个小时，而其余时间完全按照我们的意愿做我们喜欢的事情。而这需要通过集体行动来实现。换句话说，这难道不是一个有趣的时刻，让我们可以真正思考建设另一种充满活力的社会的可能性吗？但是为了走上这样一条解放道路，我们首先必须解放自己，才能看到新的想象与新的现实并存。

附录

# 延伸阅读和问题讨论

# 第一章　全球动荡

- David Harvey, *Brief History of Neoliberalism* (New York: Oxford University Press, 2005).
  - Chapter 1: Freedom's Just Another Word
- David Harvey. *Rebel Cities: From the Right to the City to the Urban Revolution* (London: Verso, 2013).
  - Chapter 5: Reclaiming the City for Anti–Capitalist Struggle
- Karl Marx and V.I. Lenin, *Civil War in France: The Paris Commune* (New York: International Publishers, 1988).

1．目前全球范围内不断出现的抗议运动揭示了哪些资本主义的矛盾之处？

2．为什么说复合增长的问题至关重要？

3．在当前的危机中，反资本主义和社会主义需要通过谈判找到一条什么样的道路？

# 第二章　新自由主义简史

- David Harvey, *A Brief History of Neoliberalism* (Oxford: Oxford University Press, 2005).
- Lewis F. Powell Jr. to Eugene Sydnor, "Attack on American Free Enterprise System," August 23, 1971, Internet Archive, http://bit.ly/

PowellMemo (accessed May 12, 2020).

- Daniel Yergin and Joseph Stanislaw, *The Commanding Heights: The Battle for the World Economy* (New York: Simon & Schuster, 2002).

1. 什么导致了2008年金融危机时金融系统的崩溃？
2. 撒切尔夫人所说的"别无选择"是什么意思？
3. 新自由主义在2008年金融危机的时候结束了吗？

## 第三章　新自由主义的矛盾

- Karl Marx, *Capital: A Critique of Political Economy, Volume I* (London and New York: Penguin Classics, 1990 [1867]).
  - Chapter 32: Historical Tendency of Capitalist Accumulation
- David Harvey, *A Companion to Marx's Capital, Volume 2* (London and New York: Verso, 2013).
- Jim Mann, *Rise of the Vulcans: The History of Bush's War Cabinet* (New York: Viking, 2004).

1. 如果资本被迫不断减少工人的工资，那么市场从何而来？
2. 谁应该为2008年金融危机负责？
3. 2008年金融危机后，美国救助了银行而不是人民。在危机以后，政治的合法性是如何恢复的？

## 第四章　权力的金融化

- David Harvey, *Marx, Capital and the Madness of Economic Reason* (Oxford: Oxford University Press, 2017).

1. 高盛的首席执行官劳埃德·布兰克费恩说，高盛在"做上帝的工作"，这是什么意思？

2. 金融是否能产生价值？

## 第五章　转向专制主义

- Juan Gabriel Valdés, *Pinochet's Economists: The Chicago School of Economics in Chile* (Cambridge: Cambridge University Press, 1995).

- Jane Mayer, *Dark Money: The Hidden History of the Billionaires Behind the Rise of the Radical Right* (New York: Anchor Books, 2017).

1. 为什么金融家和巴西股市会支持博索纳罗这样的政治家？

2. 在你所在的地方，新自由主义经济学和右翼民粹主义之间的新兴联盟是什么样子的？

## 第六章　社会主义与自由

- Karl Marx, *Capital: A Critique of Political Economy, Volume III* (London and New York: Penguin Classics, 1990 [1894]).
  - Chapter 48: The Trinity Formula
- Karl Marx, *Capital: A Critique of Political Economy, Volume I* (London and New York: Penguin Classics, 1990 [1867]).
  - Chapter Six: The Buying and Selling of Labour–Power
  - Chapter Ten: The Working–Day
- Karl Polanyi, *The Great Transformation: The Political and Economic Origins of Our Time* (Boston: Beacon Press, 2001).
- Naomi Klein, *The Shock Doctrine: The Rise of Disaster Capitalism* (New York: Metropolitan Books/Henry Holt, 2007).

1. 马克思说，在（这个）必然王国的彼岸……真正的自由王国，就开始了。这句话是什么意思？

2. 社会主义和自由时间的关系是什么？

## 第七章　中国在世界经济中的重要地位

- Xi Jinping, *The Governance of China* (Beijing: Foreign Languages Press, 2014).
- Kai–Fu Lee, *AI Superpowers: China, Silicon Valley, and the New*

*World Order* (Boston: Houghton Mifflin Harcourt, 2018).

　　1. 中国对2008年金融危机的解决方案与世界其他国家的解决方案相比，有什么不同？

　　2. 基于人工智能的社会主义会是什么样子？

## 第八章　资本主义的地缘政治

- David Harvey, *Spaces of Capital: Towards a Critical Geography* (New York: Routledge, 2001).

  - Chapter 14: The Spatial Fix: Hegel, Von Thunen and Marx

- David Harvey, *The New Imperialism* (Oxford and New York: Oxford University Press, 2005).

- Giovanni Arrighi, *The Long Twentieth Century: Money, Power and the Origins of Our Times* (London and New York: Verso, 1994).

- Rosa Luxemburg, *The Accumulation of Capital* (Mansfield Centre, CT: Martino Publishing, 2015 [1913]).

　　1. 债券持有人与政治权力的关系是什么？

　　2. 什么是空间修复？

　　3. 空间修复试图解决什么问题？为什么它不能永久地解决这个问题？

## 第九章 增长综合征

- Karl Marx, *Capital: A Critique of Political Economy, Volume I* (London and New York: Penguin Classics, 1990 [1867]).
  - Chapter 14: Division of Labour and Manufacture
  - Chapter 15: Machinery and Modern Industry
- Karl Marx, *Capital: A Critique of Political Economy, Volume III* (London and New York: Penguin Classics, 1990 [1894]).
- Part III: The Law of the Tendency of the Rate of Profit to Fall
  - Chapter 13: The Law as Such
  - Chapter 14: Counteracting Influences
  - Chapter 15: Exposition of the Internal Contradictions of the Law
- Karl Marx, Fred Moseley, ed. *Marx's Economic Manuscript of 1864–1865* (Chicago: Haymarket Books, 2017).
- David Harvey, *Paris, Capital of Modernity* (New York: Routledge, 2006).

    1．在全球北方的大部分地区，工厂似乎已经基本消失了。是什么取代了它们？

    2．在什么意义上说，利润率下降趋势的规律是二重性的规律？

    3．只关注增长速度而忽略了增长量是否有误导性？

## 第十章　对消费者选择的侵蚀

- Karl Marx, *Capital: A Critique of Political Economy, Volume I* (London and New York: Penguin Classics, 1990 [1867]).
  - Chapter 15: Machinery and Modern Industry
- David Harvey, *Rebel Cities: From the Right to the City to the Urban Revolution* (London: Verso, 2013).
- André Gorz, *Critique of Economic Reason* (London: Verso, 1989).

1. 在消费选择方面，我们有多少的自主性？

2. 是什么推动了今天的城市发展？

3. 开采主义在多大程度上对于当代生活方式的再生产是有必要的？

## 第十一章　原始积累

- Rosa Luxemburg, *The Accumulation of Capital* (Mansfield Centre, CT: Martino Publishing, 2015 [1913]).
- Karl Marx, *Capital: A Critique of Political Economy, Volume I* (New York: Penguin Books, 1990).
  - Chapter 26: The Secret of Primitive Accumulation
  - Chapter 27: The Expropriation of the Agricultural Population from the Land

- Chapter 28: Bloody Legislation Against the Expropriated since the End of the Fifteenth Century. The Forcing Down of Wages by Act of Parliament

- Chapter 29: The Genesis of the Capitalist Farmer

- Chapter 30: Impact of the Agricultural Revolution on Industry. The Creation of a Home Market for Industrial Capital

- Chapter 31: The Genesis of the Industrial Capitalist

- Chapter 32: The Historical Tendency of Capitalist Accumulation

- Chapter 33: The Modern Theory of Colonization

- Michael Perelman, *The Invention of Capitalism: Classical Political Economy and the Secret History of Primitive Accumulation* (Durham, NC: Duke University Press, 2000).

- Hannah Arendt, *Imperialism* (New York: Harcourt Brace, 1968).


1. 所谓"原始积累"的主要目的是什么？

2. 马克思所描述的原始积累过程在多大程度上还在我们身边发生？

## 第十二章　通过剥夺进行的积累

- David Harvey, *The New Imperialism* (Oxford: Oxford University Press, 2003).

- Chapter 4: Accumulation by Dispossession


1. "原始积累"和"剥夺式积累"之间有什么区别?

2. 有哪些反对剥夺式积累的斗争实例?

# 第十三章　生产和实现

- Karl Marx, *The Marx–Engels Reader, second edition, ed. Robert C. Tucker* (New York: W.W. Norton, 1978).

- "The Coming Upheaval," pp. 218–19, the concluding passage from Karl Marx, 1847, *The Poverty of Philosophy*.

- Karl Marx, *Grundrisse: Foundations of the Critique of Political Economy* (New York: Penguin Books, 1993).

- Silvia Federici, *Caliban and the Witch: Women, the Body, and Primitive Accumulation* (New York: Autonomedia, 2004).

- "Raise Up for $15, Fight for $15", https://fightfor15.org/raiseup/ (accessed May 12, 2020).


1. 为什么理解马克思所说的"自在阶级"与"自为阶级"很重要?

2. 运输是有价值的生产力吗?

3. 从新冠疫情造成的停业的影响中,你观察到居住地目前工人阶级的构成情况是什么样的？

## 第十四章　碳排放和气候变化

- David Harvey, *Justice, Nature, and the Geography of Difference* (Cambridge, MA: Blackwell, 1996).

1. 是什么导致大气层中二氧化碳数量的增加？

2. 环保积极分子们如何将二氧化碳从大气中提取出来，并放回地下？

## 第十五章　剩余价值率与剩余价值量

- Karl Marx, *Capital: A Critique of Political Economy, Volume I* (New York: Penguin Books, 1990).
  - Chapter 1: The Commodity
  - Chapter 10: The Working-Day
  - Chapter 11: The Rate and Mass of Surplus-Value
- Karl Marx, *Capital: A Critique of Political Economy, Volume III* (New York: Penguin Books, 1991).
  - Part III: The Law of the Tendential Fall in the Rate of Profit
  - Chapter 13: The Law Itself
  - Chapter 14: Counteracting Influences

- Chapter 15: Development of the Law's Internal Contradictions

- Paul Sweezy and Paul A. Baran, *Monopoly Capital: An Essay on the American Economic and Social Order* (New York: Monthly Review Press, 1966).

- Michael Roberts Blog, https://thenextrecession.wordpress.com (accessed May 12, 2020).

1. 资本家更关心的是他们得到的剩余价值量，还是剩余价值率？

2. 马克思关于利润率平均化的论点是什么？

3. 马克思的论点如何帮助我们理解20世纪80年代以来的全球化？

## 第十六章 异化

- Karl Marx, *Economic and Philosophical Manuscripts of 1844* (Moscow: Progress Publishers, 1959).

- Karl Marx, *Grundrisse: Foundations of the Critique of Political Economy* (New York: Penguin Books, 1993).

- Karl Marx, *Capital: A Critique of Political Economy, Volume I* (New York: Penguin Books, 1990).

  - Chapter 10: The Working–Day

- Émile Zola, *Au Bonheur des Dames (The Ladies' Delight)* (New York: Penguin Books, 2001).

1. 马克思如何定义异化？
2. 马克思的异化理论如何帮助我们理解当代的劳动环境？

## 第十七章 工作中的异化：关闭工厂的政治

- Paul Sweezy and Paul A. Baran, *Monopoly Capital: An Essay on the American Economic and Social Order* (New York: Monthly Review Press, 1966).
- LaToya Ruby Frazier: The Last Cruze, http://bit.ly/LastCruze (accessed May 12, 2020).

1. 拉托亚·鲁比·弗雷泽的摄影文章让我们了解到洛兹镇工厂的关闭对工人、家庭和他们的孩子的影响是什么？
2. 为什么底特律的汽车公司是我们理解垄断资本主义运作方式的一个很好的例子？
3. 全球化是如何改变资本对劳动力的看法的？

## 第十八章 COVID-19时代的反资本主义政治学

- Karl Marx, *Grundrisse: Foundations of the Critique of Political*

*Economy* (New York: Penguin Books, 1993).

1. 占主导地位的新自由主义经济模式，在它每况愈下的合法性和状况不佳的情况下，如何能吸收并度过新冠疫情带来的不可避免的影响？

2. 我们应该如何评价"在传染病面前人人平等"的说法？

## 第十九章　对集体困境的集体回应

- Karl Marx, *Grundrisse: Foundations of the Critique of Political Economy* (New York: Penguin Books, 1993), pp. 650－710.
- Karl Marx and V.I. Lenin, *Civil War in France: The Paris Commune* (New York: International Publishers, 1988).

1. 科学和技术的发展是如何影响了劳动力纳入资本主义生产过程的方式？

2. 马克思关于劳动力自我解放的论点是什么？

3. 积极分子们是如何将当前的新冠疫情危机视为发展另一种社会的机会？